Martin R. Textor
Kita, Kinderkrippe, Kindergarten, Tagespflege

AF219342

Martin R. Textor

Kita, Kinderkrippe, Kindergarten, Tagespflege

Was Eltern über Kinderbetreuung wissen sollten

Books on Demand GmbH

Herstellung und Verlag: BoD- Books on Demand, Norderstedt
Alle Rechte vorbehalten – Printed in Germany
1. Auflage 2018
© Martin R. Textor, www.martin-textor.de
Umschlagfoto: © Monkey Business - Fotolia.com

ISBN 978-3-7528-5987-4

Inhalt

Begrüßung

Liebe Eltern,

wenn Sie nach einer Tagesbetreuung für Ihr Kind suchen, dann werden Sie in diesem Ratgeber sicherlich viele hilfreiche Informationen finden: Sie lernen die verschiedenen Formen von Kindertageseinrichtungen kennen – aber auch Alternativen wie die Kindertagespflege – und werden über deren Kosten sowie über Steuererleichterungen unterrichtet. Sie erfahren, nach welchen Vorgaben Ihr Kind gebildet und erzogen wird – nach bestimmten gesetzlichen Regelungen, dem in Ihrem Bundesland gültigen Bildungsplan und der pädagogischen Konzeption der jeweiligen Kindertagesstätte.

Ferner werden Ihnen Kriterien an die Hand gegeben, mit deren Hilfe Sie die Qualität eines Kinderbetreuungsangebots beurteilen können. Außerdem erhalten Sie Informationen über das Anmeldeverfahren bzw. das Finden einer Tagesmutter, die „sanfte" Eingewöhnung von Kleinkindern und den Tagesablauf in Kindertageseinrichtungen und Tagespflege. Sie erfahren, was an Mitarbeit von Ihnen erwartet wird und wie Sie das Geschehen in der Kindertagesstätte bzw. in der Tagespflegestelle mitbestimmen können.

Schließlich wird diskutiert, wie sich Kindertagesbetreuung auf die Beziehung zwischen Ihnen und Ihrem Kind auswirkt, wie Sie die außerfamiliale Erziehung und Bildung Ihres Kindes unterstützen können und wie Ihnen Fachkräfte und Tagespflegepersonen bei Erziehungsproblemen helfen können.

Bitte beachten Sie unbedingt, dass bei der Suche nach einer Tagesbetreuung für Ihr Kind kein Ratgeber, keine Website, keine Homepage einer Kindertageseinrichtung und kein Informationsmaterial, das Ihnen überreicht oder zugeschickt wird, den direkten Kontakt mit den Pädagoginnen oder Tagespflegepersonen überflüssig machen. Die Betreuung, Erziehung und Bildung Ihres Kindes wird nämlich immer geprägt von der Persönlichkeit und den Kompetenzen der jeweiligen Fachkräfte. Und davon können Sie sich nur persönlich einen ersten Eindruck verschaffen!

Dieses Buch wurde von mir mit größter Sorgfalt verfasst. Für die Richtigkeit, Vollständigkeit und Aktualität der Inhalte kann ich jedoch keine Gewähr übernehmen. Insbesondere die Kapitel zu den Kosten und Rechtsgrundlagen der Kindertagesbetreuung sind rechtlich unverbindlich.

In der Hoffnung, dass dieser Ratgeber viele für Sie relevante und interessante Informationen enthält, verbleibe ich

Ihr

Martin R. Textor

1. Formen der Kindertagesbetreuung

Als Eltern haben Sie das Recht, im Bereich der Kinderbetreuung zwischen „Einrichtungen und Diensten verschiedener Träger zu wählen und Wünsche hinsichtlich der Gestaltung" der Tagesbetreuung zu äußern (§ 5 Abs. 1 SGB VIII = Sozialgesetzbuch Achtes Buch; detaillierte Informationen zu diesem Gesetz folgen im 3. Kapitel). Bevor Sie sich entscheiden, können Sie sich z.b. vom Jugendamt – mancherorts auch z.b. als „Amt für Jugend und Familie" bezeichnet – beraten lassen: „Die Träger der öffentlichen Jugendhilfe oder die von ihnen beauftragten Stellen sind verpflichtet, Eltern … über das Platzangebot im örtlichen Einzugsbereich und die pädagogische Konzeption der Einrichtungen zu informieren und sie bei der Auswahl zu beraten" (§ 24 Abs. 5 SGB VIII). Sie haben auch „in allen Fragen der Kindertagespflege" einen Anspruch auf Beratung (§ 23 Abs. 4 SGB VIII). Ihren Wünschen nach einer bestimmten Betreuungsform und deren Ausgestaltung soll entsprochen werden, wenn dies nicht mit unverhältnismäßigen Mehrkosten verbunden ist (§ 5 Abs. 2 SGB VIII).

Prinzipiell können Sie zwischen Kindertageseinrichtungen und Kindertagespflege wählen. In den letzten Jahrzehnten haben sich hier ganz unterschiedliche Formen herausgebildet, die Ihnen in diesem Kapitel vorgestellt werden sollen. Allerdings kann nur ein grober Überblick geleistet werden, da es viele länderspezifische und kommunale „Eigenheiten" gibt – für Kindertagesbetreuung sind in erster Linie die Städte und Gemeinden zuständig, die von Bund und Ländern nur recht allgemeine Vorgaben erhalten. Ferner werden Sie in diesem Kapitel verschiedene Träger von Kindertagesstätten kennen lernen. Schließlich wird kurz auf Krabbel- bzw. Eltern-Kind-Gruppen, Au-pairs und Babysitter eingegangen, obwohl es sich hier nicht um Angebote der Kinder*tages*betreuung handelt.

Die Begriffe „Kindertagesstätte", „Kindertageseinrichtung" bzw. „Kita" sind im weiteren Sinne Sammelbezeichnungen für Institutionen zur Bildung, Erziehung und Betreuung von Kindern. Diese werden von sozialpädagogischen Fachkräften in Gruppen betreut. Dabei handelt es sich neben *Jahrgangsgruppen* vor allem um *altersgemischte Gruppen*, die in der Regel zwei bis fünf Jahrgänge umfassen.

Öffnungszeiten: Um dem unterschiedlichen Betreuungsbedarf von Eltern zu entsprechen, können Kindertageseinrichtungen als Ganztagskitas, Kitas mit verlängerten Vormittagsgruppen, Halbtagskitas oder auch als Kitas mit überlangen Öffnungszeiten betrieben werden. In vielen Kindertagesstätten gibt es auch Gruppen mit unterschiedlich langen Öffnungszeiten oder einen Früh- bzw. Spätdienst für Kinder, die besonders früh gebracht oder später als andere abgeholt werden. Insbesondere in Großstädten sind einige Kitas (z.B. an Krankenhäusern oder Flughäfen) an allen sieben Tagen der Woche bzw. 24 Stunden am Tag geöffnet.

Es werden nun die wichtigsten Arten von Kindertageseinrichtungen beschrieben. Die Bezeichnungen können in verschiedenen Regionen Deutschlands unterschiedlich ausfallen.

Kinderkrippen

Kinderkrippen sind Tageseinrichtungen für Kinder bis zum vollendeten dritten Lebensjahr, die hier in einem altersgemäß ausgestatteten Raum das Zusammenleben mit anderen Kindern lernen. Da unter dreijährige Kinder viel Pflege, Stimulation und Zuwendung benötigen, sind die Gruppen recht klein. Kinderkrippen haben einen Betreuungs-, Erziehungs- und *Bildungsauftrag*. Leider werden sie in der Öffentlichkeit zumeist noch als reine Betreuungsangebote wahrgenommen. Erst langsam „erobern" sie sich die Anerkennung als Einrichtungen der frühkindlichen Bildung.

Krabbel- und Spielgruppen

Unter Bezeichnungen wie „Eltern-Kind-Gruppe", „Spielgruppe", „Krabbelgruppe" oder „Mutter-Kind-Gruppe" werden z.B. von Kirchengemeinden, Mütterzentren oder Familienbildungsstätten Angebote vorgehalten, wo Babys bzw. unter dreijährige Kinder erste soziale Beziehungen mit ähnlich alten Kindern aufnehmen und miteinander spielen können. Die Gruppenleiterin leitet Eltern und Kinder bei gemeinsamen Aktivitäten an, bringt ihnen Reime und Lieder bei und steht den Erwachsenen bei Erziehungsfragen als Ansprechpartnerin zur Verfügung. Da diese Gruppen in der Regel nur an einigen Wochentagen für ca. zwei Stunden zusammen kommen und die Eltern ihre Kinder begleiten müssen, handelt es sich hier allerdings nicht um ein Betreuungsangebot.

Kindergärten

Kindergärten – gelegentlich auch als Kindertagesheime bezeichnet – sind Tageseinrichtungen zur Bildung, Erziehung und Betreuung von Kindern ab dem dritten Lebensjahr bis zum Eintritt in die Schule. Die Gruppengröße schwankt je nach Bundesland zwischen 12 und 25 Kindern.

Unter *Regelkindergarten* versteht man einen Kindergarten, der Kinder aus dem umliegenden Wohnumfeld aufnimmt. Kindergärten mit einer besonderen pädagogischen Konzeption (siehe 5. Kapitel) – z.B. Waldorf-, Montessori- oder Waldkindergärten – haben in der Regel ein größeres Einzugsgebiet. Für Kinder, die mit sechs Jahren vom Schulbesuch zurückgestellt wurden, gibt es mancherorts auch *Schulkindergärten* oder *Vorklassen*. Ansonsten können sie weiter ihren alten Kindergarten besuchen.

Sonderkindergärten, Heilpädagogische Tagesstätten bzw. Schulvorbereitende Einrichtungen (SVEs) nehmen behinderte oder von Behinderung bedrohte Kinder auf und fördern sie intensiv. Oft sind sie Sonder-

bzw. Förderschulen angeschlossen und haben sich auf eine Behinderungsform spezialisiert (z.b. Tagesstätte für Blinde). Aufgrund des großen Einzugsbereichs gibt es häufig einen Fahrdienst – die Kinder werden zu Hause abgeholt und wieder heimgebracht.

In *Integrationskindergärten* werden bis zu fünf behinderte und ca. 10 nicht behinderte Kinder gemeinsam erzogen, gebildet und betreut. Werden hingegen nur einzelne behinderte Kinder in eine Kindergruppe aufgenommen, dann handelt es sich um *Einzelintegration*.

Kindertageseinrichtungen mit behinderten oder von Behinderung bedrohten Kindern haben in der Regel kleinere Gruppen und mehr Personal. Einzelne Fachkräfte sind oft zusätzlich qualifiziert (z.b. als Heilpädagoginnen). Ferner werden die behinderten Kinder häufig zusätzlich von Fachleuten (einzeln) gefördert, die nur zu diesem Zweck in die Tageseinrichtung kommen.

Kitas mit erweiterter, großer bzw. weiter Altersmischung

In den letzten Jahrzehnten ist das Altersspektrum in vielen Kindertageseinrichtungen größer geworden: Bei einer „erweiterten Altersmischung" nehmen Kindergärten auch zweijährige Kinder auf. Die Gruppen sind dann zumeist etwas kleiner als in Regeleinrichtungen. Dasselbe gilt für die „weite Altersmischung" (Kinder zwischen 0 bzw. 1 und 6 Jahren in einer Gruppe). Vereinzelt gibt es auch Kitas mit einer „großen Altersmischung" (Kinder zwischen 0 bzw. 1 und 10 bzw. 12 oder gar 14 Jahren in einer Gruppe). Sie haben zumeist eine besondere pädagogische Konzeption, die sich oft an der „Großfamilie" orientiert: In „Familiengruppen" sollen Kinder unterschiedlichen Alters wie Geschwister zusammenleben.

Kombinierte bzw. Kooperationseinrichtungen

Manche Kitas vereinen verschiedene Betreuungsangebote unter einem Dach, also z.B. eine Kinderkrippe und einen Kindergarten, einen Kindergarten und einen Kinderhort, eine Regel- und eine Integrationsgruppe.

Kitas mit geschlossenen, halboffenen bzw. offenen Gruppen

In den meisten Kindertageseinrichtungen sind die Gruppen „geschlossen", d.h. nahezu alle Aktivitäten finden innerhalb der Gruppe statt. Bei halboffenen Gruppen verbringen die Kinder einen Teil der Zeit in ihren Stammgruppen. In der übrigen Zeit können sie alle Gruppen- bzw. Funktionsräume nutzen und mit allen anderen Kindern spielen. In offenen Einrichtungen gibt es keine festen Gruppen mehr. Die Kinder wechseln zwischen verschiedenen Räumen und spielen mit den sich dort aufhaltenden Kindern. Sowohl bei halboffenen als auch bei offenen Gruppen machen die Fachkräfte zu bestimmten Zeiten Angebote, die von allen Kindern genutzt werden oder die sich an bestimmte Zielgruppen richten. Die Pädagoginnen können sich somit auf bestimmte Bildungsbereiche spezialisieren, für die sie ein großes Interesse oder besondere Kompetenzen mitbringen.

Einige Kindertagesstätten mit offenen Gruppen haben *Nestgruppen* für Babys, Ein- und (eventuell) Zweijährige eingerichtet, die entweder für begrenzte Zeit (bis zum Ende der Eingewöhnung) oder auf Dauer bestehen. Unter dreijährige Kinder finden hier einen Schutzraum vor, von dem aus sie allmählich die gesamte Einrichtung „erobern". In Nestgruppen werden zumeist nur acht bis zehn Kleinstkinder betreut, auf die in der Regel anderthalb bis zwei Fachkraftstellen kommen.

Familienzentren

Familienzentren sind Kindertageseinrichtungen, die Familien zusätzlich eine Anlaufstelle bei Alltagsfragen und -problemen bieten. Durch besondere Angebote wie z.B. Elternkurse soll die Erziehungskompetenz der Eltern gestärkt werden. Zudem werden frühe Beratung, Information und Hilfe in allen Lebensphasen ermöglicht, indem die Familienzentren bereits vorhandene Fachdienste und psychosoziale Leistungen vermitteln oder in ihrem Hause anbieten. So wird besonders eng mit Erziehungsberatungsstellen, Familienbildungsstätten, Frühförderstellen, Jugendämtern und anderen relevanten Einrichtungen kooperiert.

Kinderhorte

In Kinderhorten werden schulpflichtige Kinder im Alter von bis zu 14 Jahren betreut. Zumeist handelt es sich aber um Grundschulhorte. Diese sind keine „Hausaufgabeninstitute" (obwohl sie auch Unterstützung beim Erledigen der Hausaufgaben leisten), denn sie haben einen wichtigen sozialpädagogischen Auftrag: In enger Zusammenarbeit mit Schulen und Familien soll die Entwicklung der Kinder zu eigenverantwortlichen und gemeinschaftsfähigen Persönlichkeiten gefördert werden. So kommt der gemeinsamen Freizeitgestaltung eine große Bedeutung zu. Kinderhorte schaffen auf diese Weise einen Ausgleich zur Schule. Während der Schulferien bieten sie in der Regel ganztägige Ferienmaßnahmen an.

Heilpädagogische Tagesstätten

Heilpädagogische Tagesstätten (HPTs) betreuen und fördern behinderte oder von Behinderung bedrohte Schulkinder – inklusive erziehungsschwieriger oder verhaltensauffälliger Kinder – (vor und) nach der Schule und in den Ferien.

Ganztagsschulen/Mittagsbetreuung

Für Schulkinder gibt es immer mehr Ganztagsschulen – das Angebot reicht aber noch lange nicht aus. Brauchen sie nur eine kurze

14

Betreuung nach der Schule, so bietet sich die Mittagsbetreuung an Schulen an. Hier können die Kinder einen Imbiss zu sich nehmen, Hausaufgaben machen oder spielen. Sie werden während dieser Zeit beaufsichtigt und betreut, jedoch zumeist nicht von Fachkräften.

Träger von Kindertageseinrichtungen

Jede Kindertageseinrichtung hat einen Träger, der die Gesamtverantwortung innehat und sowohl für das Personal und die Räumlichkeiten als auch für die Beachtung der gesetzlichen Vorgaben zuständig ist.

Rund zwei Drittel der Kindertageseinrichtungen befinden sich in „freier" Trägerschaft. Viele von ihnen gehören zu einer evangelischen oder katholischen *Kirchengemeinde*; ihre pädagogischen Konzeptionen sind zumeist von christlichen Werten geprägt. Zu den freien Trägern gehören ferner *Wohlfahrtsverbände* wie die Arbeiterwohlfahrt, der Caritas Verband, das Diakonische Werk, der Paritätische, das Rote Kreuz und die Volkssolidarität, die ihr Handeln an religiösen, humanitären bzw. politischen Überzeugungen orientieren. Dem Paritätischen Wohlfahrtsverband haben sich auch die meisten *Elterninitiativen* angeschlossen, die oft Kindertageseinrichtungen mit einer besonderen pädagogischen Konzeption betreiben (z.B. ausgerichtet an der Waldorf-, Montessori- oder Reggio-Pädagogik). Aufgrund der Selbstverwaltung fallen hier häufig zusätzliche Aufgaben und Kosten für die Eltern an. Ferner gibt es viele kleine freie Träger, die nur einige wenige Kitas in einer begrenzten Region besitzen.

Rund ein Drittel der Kindertageseinrichtungen befindet sich in „öffentlicher" Trägerschaft; sie werden von *Kommunen* und *Landkreisen* betrieben. Diese üben in der Regel kaum Einfluss auf deren pädagogischen Konzeptionen aus, die somit sehr unterschiedlich sein können.

Eine kleine, aber wachsende Zahl von Kindertageseinrichtungen hat einen *privatgewerblichen Träger*. Diese verlangen häufig hohe Elternbeiträge, was sie mit bedarfsgerechten Öffnungszeiten, besseren Rahmenbedingungen (z.b. kleinere Gruppen) und besonderen Angeboten (wie z.b. eine bilinguale Betreuung) rechtfertigen.

Relativ kostengünstig sind hingegen *Betriebskindertageseinrichtungen*, da hier Unternehmen die Kindertagesbetreuung als Sozialleistung für ihre Mitarbeiter betrachten. Zumeist wird kaum Einfluss auf die pädagogische Konzeption ausgeübt; einige Betriebe haben aber auch einen Schwerpunkt auf die naturwissenschaftlich-technische Bildung gesetzt.

Fazit

Durch die verschiedenen Formen von Kindertageseinrichtungen und die unterschiedlichen Träger wird sichergestellt, dass Eltern nahezu überall ein plurales Angebot vorfinden, sodass sie ihr in § 5 SGB VIII garantiertes Wunsch- und Wahlrecht ausüben können.

Kindertagespflege

Als Tagespflege wird eine Betreuungsform bezeichnet, bei der ein (Klein-) Kind von einer „Tagespflegeperson" für einen Teil des Tages oder ganztags gegen Bezahlung versorgt und erzogen wird. In der Öffentlichkeit wird zumeist von „Tagesmüttern" gesprochen, da nur sehr wenige Männer („Tagesväter") diese Tätigkeit ausüben. Die Tagespflegeperson soll die Entwicklung des Kindes allseitig durch entsprechende Spiele, Aktivitäten und Bildungsangebote fördern.

Bei Kindertagespflege *im Haushalt der Eltern* wird ein Kind bzw. werden Geschwister in der Wohnung der Personensorgeberechtigten betreut. Eine Erlaubnis für diese Tätigkeit ist nicht erforderlich. In der Regel wird die Tagesmutter von den Eltern angestellt, die somit ihre Arbeitgeber sind und für sie z.B. Sozialversicherungsbeiträge bezahlen. In diesem Fall wird die Tagespflegeperson oft auch als *„Kinderfrau"* oder *„Kindermädchen"* bezeichnet.

Bei Tagespflege *im Haushalt der Tagespflegeperson* wird das Kind in ihrer Familie betreut, oft zusammen mit eigenen Kindern. Für diese Art der Betreuung ist eine Erlaubnis durch den zuständigen Träger der öffentlichen Jugendhilfe (Jugendamt) erforderlich, sofern die Tagespflegeperson „ein Kind oder mehrere Kinder außerhalb des Haushalts des Erziehungsberechtigten während eines Teils des Tages und mehr als 15 Stunden wöchentlich gegen Entgelt länger als drei Monate betreuen will" (§ 43 Abs. 1 SGB VIII).

Bei der Kindertagespflege *in anderen geeigneten Räumen* werden Kinder z.B. in einer angemieteten Wohnung betreut, die dann entsprechend der kindlichen Bedürfnisse eingerichtet wird. In ihnen können auch *Großtagespflegestellen* bzw. *Tagespflegenester* untergebracht werden, bei denen mehrere Tagesmütter oder Tagesväter gemeinsam mehr als fünf Kinder betreuen. Sie können einander bei der pädagogischen Arbeit unterstützen und ergänzen. Auch kann bei Ausfall einer Tagesmutter die Betreuung der Kinder durch die anderen Tagespflegepersonen sichergestellt werden.

Eine Tagespflegeperson kann vom Jugendamt vermittelt werden. Die Eltern können aber auch selbst eine Tagesmutter oder Kinderfrau auf dem „freien Markt" suchen. Nur wenn diese dem Jugendamt gemeldet und von diesem als geeignet beurteilt wurde, kann ihr wie einer vom Jugendamt vermittelten Tagespflegeperson eine laufende Geldleistung nach § 23 Abs. 1-3 SGB VIII gewährt werden.

Vor- und Nachteile der Tagespflege im Vergleich zu Kitas

Stärken der Kindertagespflege gegenüber der Kindertageseinrichtung liegen in der größeren Flexibilität der Betreuungszeiten, der kleineren Gruppe, der familialen Umgebung und dem geringen Infektionsrisiko. Auch kann die Tagespflegeperson intensiver auf die Bedürfnisse und Eigenheiten eines Kindes eingehen als eine Pädagogin, die in der Regel für bei weitem mehr Kinder zuständig ist.

Schwächen der Tagespflege sind die Instabilität dieser Betreuungsform, die kleinere Zahl der Spielkameraden (falls überhaupt mehrere Kinder betreut werden), die geringere Auswahl an Spielsachen, die unzureichende pädagogische Aus- und Fortbildung vieler Tagesmütter und die mangelnde Überwachung durch den Staat.

Au-pair

Ein Au-pair ist eine in der Regel zwischen 18 und 24 Jahre alte Person aus einem anderen Land, die mindestens 6 und maximal 12 Monate in einer deutschen Familie lebt und zumindest über Grundkenntnisse in der deutschen Sprache verfügt. Sie soll ein gleichberechtigtes „Familienmitglied auf Zeit" sein. In erster Linie soll das Au-pair Deutschland und die deutsche Kultur kennen lernen. Dazu gehört, dass es die deutsche Sprache lernt, z.B. durch den Besuch einer Sprachenschule während ihres Familienaufenthalts. Es soll aber auch leichte Hausarbeit und die Betreuung der jüngeren „Geschwister" übernehmen. Durch ein Au-pair kann also keine Kinder*tages*betreuung sichergestellt werden; es kann aber z.B. Kinder in der Tageseinrichtung abholen und bis zum Eintreffen der Eltern betreuen oder auf sie am Wochenende bzw. Abend aufpassen, wenn ihre Eltern abwesend sind.

Babysitter / Leihoma

Ein Babysitter ist eine Betreuungskraft, die nur bei Bedarf in einen Familienhaushalt kommt, um während der Abwesenheit der Eltern gegen Bezahlung für einige Stunden auf das Kind bzw. die Kinder aufzupassen. Oft spielt der Babysitter mit den Kindern, bereitet ihnen eine Mahlzeit zu oder bringt sie ins Bett. Eine besondere pädagogische Qualifikation wird in der Regel nicht vorausgesetzt bzw. ist nicht gegeben. Auch *Leihomas* bzw. *Leihopas* können eine kurzzeitige Betreuung übernehmen.

2. Kosten der Kindertagesbetreuung

In diesem Kapitel werden Sie informiert, mit welchen Ausgaben Sie rechnen müssen, wenn Sie Ihr Kind in einer Tageseinrichtung oder in einer Tagespflegestelle betreuen lassen wollen. Ferner erfahren Sie, was es für Steuererleichterungen gibt und was bei der Anstellung einer „Kinderfrau" zu beachten ist. Liegt Ihr Familieneinkommen unter bestimmten Grenzwerten, können die Kosten der Tagesbetreuung auch (teilweise) von der „wirtschaftlichen Jugendhilfe" übernommen werden.

Kosten für einen Platz in einer Kindertageseinrichtung

Der Elternbeitrag für einen Kita-Platz fällt je nach Bundesland, Kommune bzw. Träger unterschiedlich hoch aus. Deshalb gibt es keine landes- oder gar bundesweiten Übersichten. Die Höhe des Elternbeitrags muss also vor Ort – am besten bei den in Frage kommenden Kindertagesstätten – erfragt werden.

Zumeist sind die Beiträge abhängig vom Einkommen der Eltern. Oft sind die Kosten niedriger, wenn Geschwister in derselben Kindertageseinrichtung betreut werden. Aufgrund des größeres Betreuungsbedarfs sind die Elternbeiträge für unter dreijährige Kinder in der Regel sehr viel höher als für ältere Kinder. Selbstverständlich wirkt sich auch die Betreuungsdauer auf den Elternbeitrag aus.

Der Elternbeitrag deckt die Kosten ab, die nicht vom Bundesland, von der Gemeinde oder vom Träger der Kindertageseinrichtung übernommen werden.

Beitragsfreiheit

Inzwischen haben drei Bundesländer (Hessen, Niedersachsen und Nordrhein-Westfalen) das letzte Betreuungsjahr vor Eintritt in die

Schule beitragsfrei gestellt. Drei weitere Länder sind darüber hinausgegangen: So ist in Rheinland-Pfalz Kinderbetreuung ab Vollendung des zweiten Lebensjahres des Kindes für Eltern beitragsfrei. In Berlin sind die letzten fünf Jahre vor Beginn der regelmäßigen Schulpflicht beitragsfrei, und in Hamburg gibt es überhaupt keine Elternbeiträge mehr (Stand: April 2017).

Kosten für eine „Tagesmutter" bzw. „Kinderfrau"

Wird die Tagespflegeperson vom Jugendamt vermittelt bzw. als geeignet erklärt, gewährt dieses eine *laufende Geldleistung* an die Tagespflegeperson – und zwar unabhängig davon, ob das Kind in der eigenen Wohnung, im Haushalt seiner Eltern oder in anderen geeigneten Räumen betreut wird. Die Eltern müssen somit wie bei Kindertageseinrichtungen nur einen Kostenbeitrag entrichten. Die laufende Geldleistung umfasst laut § 23 Abs. 2 SGB VIII „1. die Erstattung angemessener Kosten, die der Tagespflegeperson für den Sachaufwand entstehen, 2. einen Betrag zur Anerkennung ihrer Förderungsleistung nach Maßgabe von Absatz 2a, 3. die Erstattung nachgewiesener Aufwendungen für Beiträge zu einer Unfallversicherung sowie die hälftige Erstattung nachgewiesener Aufwendungen zu einer angemessenen Alterssicherung der Tagespflegeperson und 4. die hälftige Erstattung nachgewiesener Aufwendungen zu einer angemessenen Krankenversicherung und Pflegeversicherung". Wenn die Eltern sich selbst eine Tagespflegeperson auf dem „freien Markt" suchen, müssen sie zumeist mehr zahlen. Auf die Höhe des Betrages wirkt sich auch aus, welche Leistungen in dieser Vergütung enthalten sind (z.B. Verpflegung des Kindes). Wird eine Tagespflegeperson („Kinderfrau") in der Wohnung der Familie tätig, müssen die Eltern als ihre Arbeitgeber das *Beschäftigungsverhältnis* melden, und zwar in der Regel der Krankenkasse der Beschäftigten. Es besteht grundsätzlich Versicherungspflicht in der gesetzlichen Kranken-, Pflege-, Renten- sowie Arbeitslosenversicherung.

Beträgt das Einkommen weniger als 450 Euro („Minijob"), müssen Eltern nur einen Beitrag zur gesetzlichen Renten- und Krankenversicherung der Tagespflegeperson in Höhe von jeweils 5% des Arbeitsentgeltes, einen Beitrag zur gesetzlichen Unfallversicherung von 1,6%, eine Pauschsteuer von 2% und zwei Umlagen von insgesamt 1,14% tragen (Stand: Mai 2018). Die Anmeldung des „Minijobbers" erfolgt über die Minijob-Zentrale der Deutschen Rentenversicherung Knappschaft - Bahn - See via Haushaltsscheck (www.minijob-zentrale.de). Liegt das regelmäßige monatliche Arbeitsentgelt über einen Zeitraum von mehr als 70 Tagen zwischen 450 und 850 Euro („Midijob"), gelten die besonderen beitragsrechtlichen Regelungen für Beschäftigungsverhältnisse mit einem Arbeitsentgelt in der Gleitzone.

Steuerliche Absetzbarkeit von Kinderbetreuungskosten

Eltern können zwei Drittel der Kosten für die Betreuung ihrer Kinder, die das 14. Lebensjahr noch nicht vollendet haben, als Sonderausgaben geltend machen, allerdings nur bis zu einer Höhe von 4.000 Euro pro Kind und Jahr. Dies gilt sowohl für die Betreuung in einer Kindertageseinrichtung als auch durch eine Tagespflegeperson (z.B. „Tagesmutter" oder „Kinderfrau").

Bei einer Kinderbetreuung im Privathaushalt, bei der „es sich um eine geringfügige Beschäftigung im Sinne des § 8a des Vierten Buches Sozialgesetzbuch handelt, ermäßigt sich die tarifliche Einkommensteuer, vermindert um die sonstigen Steuerermäßigungen, auf Antrag um 20 Prozent, höchstens 510 Euro, der Aufwendungen des Steuerpflichtigen" (§ 35a Abs. 1 EStG).

Bei einem sozialversicherungspflichtigen Beschäftigungsverhältnis „ermäßigt sich die tarifliche Einkommensteuer, vermindert um die sonstigen Steuerermäßigungen, auf Antrag um 20 Prozent, höchstens 4.000 Euro, der Aufwendungen des Steuerpflichtigen" (§ 35a Abs. 2 EStG). Erfüllen Kinderbetreuungskosten grundsätzlich die Voraussetzungen für einen Abzug als Sonderausgaben (s.o.), kommt jedoch eine (weitere) Steuerermäßigung nach § 35a EStG nicht in Betracht.

Wirtschaftliche Jugendhilfe

Das Jugendamt kann nach § 90 Abs. 3 SGB VIII den Elternbeitrag bzw. die Kosten für die Kindertagespflege auf Antrag ganz oder teilweise übernehmen, wenn die finanzielle Belastung den Eltern nicht zuzumuten ist und die Förderung für die Entwicklung des Kindes erforderlich ist.

3. Rechtsgrundlagen

In diesem Kapitel erhalten Sie Informationen über die die Kindertagesbetreuung betreffenden Bundes- und Landesgesetze. Ferner wird auf die Aufsichtspflicht von sozialpädagogischen Fachkräften und Tagespflegepersonen sowie auf den Unfallversicherungsschutz eingegangen.

Für die Sicherstellung einer bedarfsgerechten Kindertagesbetreuung sind Städte, Gemeinden und Landkreise zuständig, da sie die Bedürfnisse der Eltern und die Versorgungssituation vor Ort am besten kennen. Sie haben dabei die gesetzlichen Vorgaben des Bundes und des jeweiligen Bundeslandes zu berücksichtigen.

Rahmengesetzgebung des Bundes

Auf Bundesebene wird die Kindertagesbetreuung im Sozialgesetzbuch Achtes Buch (SGB VIII) geregelt, das auch als „Kinder- und Jugendhilfegesetz" (KJHG) bezeichnet wird.

In § 24 SGB VIII wird Kindern ein *Rechtsanspruch* auf frühkindliche Förderung gewährt, wobei zwischen drei Altersgruppen unterschieden wird: „Ein Kind, das das erste Lebensjahr noch nicht vollendet hat, ist in einer Einrichtung oder in Kindertagespflege zu fördern, wenn 1. diese Leistung für seine Entwicklung zu einer eigenverantwortlichen und gemeinschaftsfähigen Persönlichkeit geboten ist oder 2. die Erziehungsberechtigten a) einer Erwerbstätigkeit nachgehen, eine Erwerbstätigkeit aufnehmen oder Arbeit suchend sind, b) sich in einer beruflichen Bildungsmaßnahme, in der Schulausbildung oder Hochschulausbildung befinden oder c) Leistungen zur Eingliederung in Arbeit im Sinne des Zweiten Buches erhalten" (§ 24 Abs. 1 SGB VIII). In § 24 Abs. 2 SGB VIII wird Kindern, die das erste Lebensjahr vollendet haben, ein Anspruch auf Förderung in einer Kindertageseinrichtung oder durch Tagespflege bis zur Vollendung des dritten Lebensjahres ohne irgendwelche Einschränkungen gewährt. Kinder, die das dritte Lebensjahr vollendet haben, haben bis zum Schuleintritt Anspruch auf Förderung in einer Tageseinrichtung (§ 24 Abs. 3 SGB VIII).

In § 22 Abs. 2 SGB VIII werden die *Aufgaben* von Kindertageseinrichtungen und Tagespflege bestimmt. Sie sollen „1. die Entwicklung des Kindes zu einer eigenverantwortlichen und gemeinschaftsfähigen Persönlichkeit fördern, 2. die Erziehung und Bildung in der Familie unterstützen und ergänzen, 3. den Eltern dabei helfen, Erwerbstätigkeit und Kindererziehung besser miteinander vereinbaren zu können". Punkt 3 beinhaltet dem Bedarf berufstätiger Eltern entsprechende Betreuungszeiten (die in vielen Kindertageseinrichtungen vor Beginn eines neuen Kindergartenjahres durch Umfrage erfasst werden). Werden Einrichtungen in den Ferienzeiten geschlossen oder fällt eine Tagespflegeperson kurzfristig aus, so hat der Träger der öffentlichen Jugendhilfe bei Bedarf eine anderweitige Betreuungsmöglichkeit sicherzustellen (§§ 22a Abs. 3, 23 Abs. 4 SGB VIII). Punkt 2 verweist auf den so genannten „familienergänzenden und -unterstützenden Auftrag" der Kindertagesbetreuung, der natürlich nur in enger Kooperation mit den Eltern erfüllt werden kann. Deshalb sollen laut § 22a Abs. 2 SGB VIII die Fachkräfte mit den Erziehungsberechtigten „zum Wohl der Kinder und zur Sicherung der Kontinuität des Erziehungsprozesses" zusammenarbeiten – aber auch „mit anderen kinder- und familienbezogenen Institutionen und Initiativen im Gemeinwesen, insbesondere solchen der Familienbildung und -beratung", weil sie in vielen Fällen nur auf diese Weise die Familien unterstützen können. Schließlich sollen die Fachkräfte mit den Schulen kooperieren, um den Kindern einen guten Übergang in die Schule zu sichern. Im Gesetzestext heißt es dann noch: „Die Erziehungsberechtigten sind an den Entscheidungen in wesentlichen Angelegenheiten der Erziehung, Bildung und Betreuung zu beteiligen". Dieses Recht kommt *allen* Eltern zu, also nicht nur denjenigen, die in die Elternvertretung gewählt wurden.

In § 22 Abs. 3 SGB VIII geht es um den Förderungsauftrag: Er „umfasst Erziehung, Bildung und Betreuung des Kindes und bezieht sich auf die soziale, emotionale, körperliche und geistige Entwicklung des Kindes. Er schließt die Vermittlung orientierender Werte und Regeln ein. Die Förderung soll sich am Alter und Entwicklungsstand, den sprachlichen und sonstigen Fähigkeiten, der Lebenssituation sowie den Interessen und Bedürfnissen des einzelnen Kindes orientieren und seine ethnische Herkunft berücksichtigen". Der erste Satz in Absatz 3 verdeutlicht, dass es bei Tageseinrichtungen und Kindertagespflege nicht um eine reine Betreuung von Kindern geht, sondern dass deren Erziehung und Bildung die gleiche Bedeutung wie deren Betreuung zukommt. Kindertagesstätten gelten seit vielen Jahren als der *Elementarbereich des Bildungswesens* (deshalb sind in vielen Bundesländern die Kultusministerien für Kindertagesbetreuung zuständig). Der Bundesgesetzgeber fordert ferner, dass alle Bereiche der kindlichen Entwicklung gefördert werden und dass die Fachkräfte bzw. Tagespflegepersonen die Herkunft, Lebenssituation, Bedürfnisse und Interessen eines jeden Kindes berücksichtigen. Behinderte Kinder sollen, sofern der Hilfebedarf dies zulässt, mit nicht behinderten Kindern gemeinsam gefördert werden (§ 22a Abs. 4 SGB VIII). Sie haben unter bestimmten Voraussetzungen ein Recht auf „Eingliederungshilfe", das z.B. die Übernahme der Kosten für besondere heilpädagogische, psychologische, therapeutische oder medizinische Maßnahmen beinhaltet.

Hinsichtlich der Kindertagespflege ist noch anzumerken, dass die Förderung „die Vermittlung des Kindes zu einer geeigneten Tagespflegeperson, soweit diese nicht von der erziehungsberechtigten Person nachgewiesen wird, deren fachliche Beratung, Begleitung und weitere Qualifizierung sowie die Gewährung einer laufenden Geldleistung an die Tagespflegeperson" umfasst (§ 23 Abs. 1 SGB VIII).

Tagespflegepersonen, die vom Jugendamt vermittelt werden bzw. eine laufende Geldleistung erhalten, benötigen eine Erlaubnis zur Ausübung der Kindertagespflege: „Die Erlaubnis befugt zur Betreuung von bis zu fünf gleichzeitig anwesenden, fremden Kindern. ... Landesrecht kann bestimmen, dass die Erlaubnis zur Betreuung von mehr als fünf gleichzeitig anwesenden, fremden Kindern erteilt werden kann, wenn die Person über eine pädagogische Ausbildung verfügt; in der Pflegestelle dürfen nicht mehr Kinder betreut werden als in einer vergleichbaren Gruppe einer Tageseinrichtung. Die Erlaubnis ist auf fünf Jahre befristet" (§ 43 Abs. 3 SGB VIII).

Eltern, die die Förderung von Kindern selbst organisieren – also eine Elterninitiative gründen – wollen, sollen laut § 25 SGB VIII beraten und unterstützt werden.

Landesrecht

Die skizzierten bundesrechtlichen Vorgaben werden auf der Länderebene durch entsprechende Gesetze, Verordnungen und andere Vorschriften ausgefüllt. Hier gibt es von Bundesland zu Bundesland so große Unterschiede, dass an dieser Stelle kein Überblick geleistet werden kann. Im Landesrecht werden z.B. geregelt:

- Aufgaben und Ziele der Kindertagesbetreuung
- Grundsätze der Erziehungs- und Bildungsarbeit
- Bedarfsplanung und Öffnungszeiten
- Größe der Einrichtungen und Gruppen
- Bau und Raumausstattung
- Betriebs-/Pflegeerlaubnis
- Organisation von Kindertageseinrichtungen
- Aufgaben der Träger
- Rechte der Eltern
- Qualifikation von Personal und Tagespflegepersonen
- Qualitätssicherung
- Finanzielle Förderung

Die im jeweiligen Bundesland geltenden Gesetze sind auf den Websites der zuständigen Ministerien bzw. der von ihnen betriebenen Bildungsserver zu finden.

Kommunale Richtlinien

Auf der Ebene der Städte, Gemeinden und Landkreise werden die gesetzlichen Vorgaben des Bundes und des jeweiligen Landes in Satzungen und anderen Regelungen konkretisiert und ergänzt.

Aufsichtspflicht

Die Aufsichtspflicht obliegt den Sorgeberechtigten, also in der Regel den Eltern. Sie wird beim Abschluss eines Betreuungsvertrages an den Träger bzw. die pädagogischen Fachkräfte der Kindertageseinrichtung oder an die Tagespflegeperson übertragen, und zwar nur für die Dauer der vereinbarten Betreuungszeit. Die Aufsichtspflicht endet dann, wenn das Kind beim Abholen wieder in die Aufsicht seiner Eltern übergeben wird.

Die Sorgeberechtigten können auch erklären, dass ihr Kind den Weg zur Kita bzw. zur Wohnung der Tagesmutter und zurück allein zurücklegen kann und deshalb nicht abgeholt wird. Die Kita bzw. die Tagespflegeperson darf diese Entscheidung nur dann *nicht* akzeptieren, wenn nach ihrer Einschätzung das Kind auf dem Weg in eine hilflose Lage oder gar in Lebensgefahr geraten könne.

Das Ausmaß der gebotenen Aufsicht ist vom Alter, der Person und dem Charakter des Kindes, der Art der Tätigkeit, den gerade verfolgten pädagogischen Zielen, der jeweiligen Situation, den örtlichen bzw. räumlichen Gegebenheiten, der Gruppengröße und ähnlichen Faktoren abhängig. Die pädagogischen Fachkräfte bzw. Tagespflegepersonen müssen also nicht ständig jedes Kind im Auge haben und sein Verhalten kontrollieren. Kinder können sich also z.B. durchaus für eine begrenzte Zeit alleine oder in einer Kleingruppe in einem Raum aufhalten, in dem kein Erwachsener ist, wenn sie nach Einschätzung der Fachkraft bzw. Tagespflegeperson dazu fähig sind. Alles, was pädagogisch nachvollziehbar begründet werden kann, ist in der Regel keine Aufsichtspflichtverletzung.

Laut dem Bundesgerichtshof ist hinsichtlich der Beurteilung, ob der Aufsichtspflicht nachgekommen wird, entscheidend, was „verständige" Eltern, Fachkräfte oder Tagespflegepersonen „nach vernünftigen Anforderungen" unternehmen müssen, um die Schädigung Dritter durch ihr Kind oder des Kindes selbst zu verhindern.

Unfallversicherung

Laut § 2 Abs. 1 Nr. 8a SGB VII sind Kinder unfallversichert „während des Besuchs von Tageseinrichtungen, deren Träger für den Betrieb der Einrichtungen der Erlaubnis nach § 45 des Achten Buches oder einer Erlaubnis aufgrund einer entsprechenden landesrechtlichen Regelung bedürfen, während der Betreuung durch geeignete Tagespflegepersonen im Sinne von § 23 des Achten Buches sowie während der Teilnahme an vorschulischen Sprachförderungskursen, wenn die Teilnahme auf Grund landesrechtlicher Regelungen erfolgt". Der Versicherungsschutz gilt auch für den *direkten* Weg zwischen Familienwohnung und Betreuungsstelle sowie bei Festen, Spaziergängen, Wanderungen, Ausflügen, Besuchen kultureller Veranstaltungen, Aktivitäten auf einem Sportplatz, Schwimmbadbesuchen usw., sofern sie Teil des Betreuungsprogramms sind. Sollte es zu einem Unfall mit Personenschaden kommen, dann übernehmen die Gemeindeunfallversicherungsverbände und Unfallkassen die Kosten für die Heilbehandlung und Rehabilitation. In schweren Fällen wird zusätzlich eine Rente bezahlt. Eltern, die mit einem verletzten Kind einen Arzt oder ein Krankenhaus aufsuchen, müssen dort mitteilen, ob es sich um einen Unfall im Zusammenhang mit dem Besuch einer Tageseinrichtung bzw. Tagespflegestelle handelt. Eine Kinderfrau ist nicht verpflichtet, eine Unfallversicherung für die von ihr betreuten Kinder abschließen. Hier kann von den Eltern eine private Unfallversicherung für ihr Kind abgeschlossen werden, die sich dann in der Regel auch auf andere Lebenssituationen als der Kindertagesbetreuung erstreckt.

4. Bildungspläne der Bundesländer

Der gesetzlich vorgegebene Bildungs- und Erziehungsauftrag von Kindertageseinrichtungen und Tagespflege wurde von den Bundesländern in Bildungsplänen konkretisiert. In diesem Kapitel erfahren Sie, welches Bild vom Kind in diesen Rahmenplänen vertreten und wie frühkindliche Bildung verstanden wird. Ferner werden Sie darüber informiert, welche Fähigkeiten und Fertigkeiten Ihres Kindes in Tageseinrichtungen und Kindertagespflege gefördert und welche Bildungsbereiche berücksichtigt werden sollen.

Orientierungspläne und Bildungsprogramme

Seit dem Jahr 2004 wurde in jedem Bundesland seitens des zuständigen Ministeriums eine Broschüre oder ein Buch mit einem Titel wie „Orientierungsplan", „Bildungsprogramm", „Rahmenplan" oder „Bildungs- und Erziehungsplan" veröffentlicht. In diesen oft mehrere Hundert Seiten umfassenden Publikationen wird beschrieben, wie die Bildung, Erziehung und Betreuung von Kindern in Tageseinrichtungen und Tagespflege gestaltet und welche Grundsätze dabei berücksichtigt werden sollen. Das mit diesen Veröffentlichungen verfolgte politische Ziel ist die Verbesserung der pädagogischen Qualität im Elementarbereich des Bildungswesens.

Einige Bildungspläne beschränken sich auf das Kleinkindalter (drei bis sechs Jahre); andere beziehen die Betreuung von unter Dreijährigen mit ein; wieder andere decken den Zeitraum von der Geburt bis 10 oder gar 14 Jahren ab, gelten also z.B. auch für Schulen.

Bildungspläne sind *keine* Lehrpläne bzw. Curricula oder gar Rechtsverordnungen – sie beschreiben vielmehr, wie die rechtlichen Vorgaben in der Praxis umgesetzt werden sollen. Sie haben also eher den Charakter von Empfehlungen, die der Orientierung der Fachkräfte und Tagespflegepersonen dienen sollen. Eine gewisse Verbindlichkeit ergibt sich durch die Rückbindung an Gesetze und

Verordnungen. In einigen Bundesländern wurden seitens des zuständigen Ministeriums auch Vereinbarungen mit den Trägerverbänden abgeschlossen, die sich verpflichteten, die Umsetzung der Bildungspläne in ihren Kindertageseinrichtungen sicherzustellen.

Die Bildungspläne der Bundesländer haben ähnliche Inhalte. So wird in der Regel zunächst auf den gesellschaftlichen Rahmen eingegangen, werden Leitgedanken (z.b. Bildungsverständnis, Bedeutung von Spielen und Lernen) formuliert und das zugrunde liegende Bild vom Kind skizziert. Dann werden Bildungs- und Erziehungsziele bzw. die von den Kindern zu erwerbenden (Basis-) Kompetenzen beschrieben. Im Hauptteil der Bildungspläne werden verschiedene Bildungs- und Erziehungsbereiche bzw. Lern- und Erfahrungsfelder präsentiert. Ferner wird auf Themen wie demokratische Teilhabe bzw. Partizipation der Kinder, die Integration von Kindern mit Migrationshintergrund und von behinderten Kindern, die Unterstützung von Kindern mit Entwicklungsrisiken und Verhaltensauffälligkeiten, die Bedeutung von Beobachtung und Dokumentation, die Zusammenarbeit mit Eltern und die Übergänge (insbesondere von der Familie in die Kindertagesbetreuung und vom Kindergarten in die Schule) eingegangen. Im letzten Teil der Bildungspläne befinden sich oft Aussagen über die Anforderungen an die Fachkräfte (z.B. Aus- und Fortbildung, Professionalität), die Qualitätsentwicklung und -sicherung, die Selbst- und Fremdevaluation sowie die Aufgaben des Trägers. Einige Bildungspläne enthalten auch Praxisbeispiele, Reflexionsfragen und Qualitätskriterien.

In den meisten Bundesländern wurden zu den Bildungsplänen Handreichungen veröffentlicht, in denen Teilbereiche vertieft dargestellt werden (z.B. zur Sprachförderung von Kleinkindern, zur mathematisch-naturwissenschaftlichen Bildung, zur Entwicklungsdokumentation oder zur Evaluation der Umsetzung des Orientierungsplans). Häufig gibt es auch Faltblätter oder Broschüren, die sich an Eltern richten und in denen die wichtigsten Aussagen der Bildungspläne zusammengefasst werden. Diese Veröffentlichungen können auf den Websites der zuständigen Länderministerien abgerufen werden.

Das Bild vom Kind

In den letzten Jahren haben Hirnforschung, Lern- und Entwicklungspsychologie aufgezeigt, dass Babys, Kleinst- und Kleinkinder *„Forscher"* sind, die neugierig und mit allen Sinnen ihre Umgebung erkunden, selbsttätig Erfahrungen sammeln, eigenständig Probleme lösen, neue Kompetenzen entwickeln, sich immer mehr Kenntnisse aneignen und an Fehlern genauso wie an Erfolgen wachsen. Sie sind somit lernfähige und wissbegierige Individuen, die ihre Entwicklungsprozesse selbst gestalten und sich ihr Wissen von der Welt selbst konstruieren. Menschen lernen in ihren ersten Lebensjahren bei weitem mehr als in späteren Entwicklungsphasen.

In den Bildungsplänen werden Kinder deshalb als *kompetente* Personen angesehen, die eigenaktiv und selbständig sich selbst und die Welt erforschen. Ihr Lernen findet in konkreten sozialen Situationen und in Interaktionen mit Erwachsenen und anderen Kindern statt. Sie sind auf vielfältige Anregungen von Seiten der Fachkräfte und Tagespflegepersonen angewiesen.

Bildungsbegriff

Aufgrund der großen Bedeutung der frühen Kindheit für den Schul- und Lebenserfolg sollen Kleinkinder in Tageseinrichtungen und Tagespflege intensiv und individuell gefördert werden und optimale Entwicklungschancen erhalten. In den Bildungsplänen wird Bildung als ein lebenslanger Prozess gesehen, der mit der Geburt beginnt. Die frühkindliche Bildung ist der Grundstein, auf dem spätere Bildungsbemühungen aufbauen. Sie wird als *aktive Aneignungstätigkeit* der Kinder verstanden, die von Fachkräften und Tagespflegepersonen gezielt zu stimulieren, unterstützend zu begleiten und bewusst zu fördern ist. Dies setzt eine intensive *Beobachtung* eines jeden Kindes voraus, damit seine Stärken und Schwächen, seine Lernbedürfnisse und Interessen erfasst und dokumentiert werden können. Nur dann können ihm „maßgeschneiderte" Bildungsangebote gemacht

31

werden: Jedes Kind ist dort abzuholen, wo es steht. Spielen und Lernen werden als zwei unterschiedliche Seiten derselben Medaille angesehen. Dementsprechend herrschen in Tageseinrichtungen und Tagespflege spielerische bzw. informelle Lernformen vor; schulisches Lernen hat hier keinen Platz.

Grundsätzlich lassen sich drei Formen frühkindlicher Bildung unterscheiden:

1. *Selbstbildung:* Damit wird die selbsttätige Aneignung der Welt durch das jeweilige Kind bezeichnet. Es erforscht eigenständig seine materielle, soziale und kulturelle Umwelt und lernt, sich in ihr handelnd zu behaupten.

2. *Ko-konstruktive Bildung:* Zum einen lernen Kinder miteinander und voneinander, wenn sie zu zweit oder in einer Kleingruppe spielen, gemeinsam ihre Umgebung und die dort vorhandenen Materialien erkunden, Probleme und Konflikte lösen etc. Zum anderen lernen sie von der Fachkraft bzw. Tagespflegeperson, wenn sich diese an ihren Aktivitäten und Gesprächen beteiligt – und zwar als reine Spiel- und Lernpartnerin. In der ko-konstruktiven Interaktion behalten die Kinder die Initiative; sie bestimmen deren Verlauf.

3. *Lehren und Lernen:* Pädagoginnen und Tagesmütter bereiten entsprechend ihrer Bildungsziele besondere Aktivitäten wie Beschäftigungen, Bewegungsspiele, Bastelarbeiten, Tänze, Übungen, Projekte oder Exkursionen vor, durch die den Kindern bestimmte Kenntnisse und Kompetenzen vermittelt werden sollen. In Kindertageseinrichtungen sind diese Bildungsangebote oft in Wochenplänen ausgewiesen oder stehen unter einem bestimmten (Monats-) Thema.

Die Fachkräfte unterstützen die Selbstbildung und das ko-konstruktive Lernen zwischen Kindern durch ein offenes Bildungsangebot, indem sie z.B. verschiedene *Lernbereiche* in ihrem Gruppenraum (und in Nebenräumen) ausweisen, dort immer wieder neues, die Neugier,

Fantasie, Wissbegierde und Begeisterungsfähigkeit der Kinder ent-
fachendes Material auslegen und viel Zeit für das Freispiel einplanen. In Kindertageseinrichtungen, in denen die Gruppen (weitgehend) aufgelöst wurden, gibt es hingegen zumeist Funktionsräume
wie z.b. ein „Atelier", einen Bewegungsraum oder eine Lernwerk-
statt, in denen ein Bildungsbereich oder mehrere abgedeckt werden.
Die Kinder können den sie besonders interessierenden Lernbereich
bzw. Funktionsraum aussuchen und die dortigen Lernmöglichkeiten
nutzen.

In der Tagespflege ist das Raum- und Materialangebot nicht so
groß; dafür gibt es aber weniger Konkurrenz um die Spielobjekte.
Wird nur ein Kind betreut, kann ko-konstruktives Lernen zwischen
Kindern dadurch ermöglicht werden, dass mit ihm häufig öffentli-
che Spielplätze oder ähnliche Orte aufgesucht werden, wo andere
Kinder anzutreffen sind.

Bildungs- und Erziehungsziele

Laut den Bildungsplänen sollen bestimmte (Basis-) Kompetenzen
der Kinder in Tageseinrichtungen und Tagespflege gefördert werden. Dazu gehören beispielsweise:

- *kognitive Kompetenzen*: Sprachvermögen, Denkfähigkeit, Ge-
  dächtnis, Problemlösefertigkeiten, Fantasie, Neugier, Lern-
  und Leistungsmotivation, Ausdauer, Konzentration, lernme-
  thodische Kompetenz usw.
- *soziale Kompetenzen*: Kommunikations- und Kooperationsfä-
  higkeit, Konfliktmanagement, Mitbestimmung, Empathie,
  Achtung des Anderen, Toleranz für individuelle Unterschiede und kulturelle Vielfalt, Solidarität usw.
- *personale Kompetenzen*: Eigenständigkeit, Selbstregulation, positives Selbstbild, Selbstbewusstsein, Resilienz, Wertorientie-
  rung, moralische Urteilsbildung, demokratische Grundhal-

tungen, Verantwortungsbereitschaft, Kreativität, ästhetisches Empfinden usw.

- *körperbezogene Kompetenzen*: Körperbeherrschung, grob- und feinmotorische Fähigkeiten, Bewegungsfreude, gesundheitsförderndes Verhalten, ein positives Gefühl für den eigenen Körper usw.

Diese und ähnliche Kompetenzen sollen jedoch nicht isoliert gefördert werden. Vielmehr ist ein ganzheitliches und *allseitiges Lernen* anzustreben.

Die Bildungs- und Erziehungsbereiche

Ferner werden in den Bildungsplänen verschiedene Bereiche differenziert, in denen bildende Aktivitäten stattfinden und die vorgenannten Kompetenzen entwickelt werden sollen. Dazu gehören:

- Sprache(n), Kommunikation und Schriftkultur („Literacy")
- mathematische, naturwissenschaftliche und technische Bildung, Umwelterziehung, Naturerfahrung
- Umgang mit (neuen) Medien, Informations- und Kommunikationstechnik
- Kultur und Gesellschaft, interkulturelle Bildung
- soziales Lernen
- musische, ästhetische und kulturelle Bildung, Theater, bildnerisches und handwerkliches Gestalten
- Bewegung, Rhythmik, Tanz und Sport
- Gesundheits- und Ernährungserziehung
- Sinnesschulung
- Persönlichkeitsbildung
- religiöse und ethische Erziehung

Diese Unterscheidung verschiedener Bildungs- und Erziehungsbereiche bedingt aber keine Aufteilung nach Fächern wie in der Schule – Bildungspläne sind keine Lehrpläne. So soll das pädagogische Programm in Kindertageseinrichtungen und Tagespflege durch das Prinzip der *ganzheitlichen Förderung* geprägt sein. Das heißt, die einzelnen Bildungsbereiche stehen nicht isoliert da, sondern durchdringen sich gegenseitig. Bei den meisten Aktivitäten ist es möglich, mehrere Förderbereiche gleichzeitig umzusetzen. Dies gilt insbesondere für Projekte.

Für alle Erziehungsbereiche werden in den Bildungsplänen z.b. Leitgedanken, Ziele, didaktische Anleitungen, methodische Hinweise, Anregungen, Beispiele zur Umsetzung und Reflexionsfragen formuliert. Diese dienen aber nur der Orientierung und belassen somit den Fachkräften und Tagespflegepersonen einen großen pädagogischen Freiraum.

5. Die Konzeption der Kindertageseinrichtung

Die Konzeption ist die verbindliche Grundlage für die pädagogische Arbeit in einer Kindertagesstätte. Somit ist sie für Sie als Eltern, die nach einer Tagesbetreuung für Ihr Kind suchen, die wichtigste schriftliche Orientierungshilfe für die Auswahl eines Betreuungsangebots. Insbesondere wenn Sie in einer größeren Gemeinde, in einer Stadt oder in deren Nähe wohnen, haben Sie die Auswahl zwischen mehreren Kindertagesstätten. Wenn Sie deren pädagogischen Konzeptionen lesen (die Sie oft auch auf den Homepages der Kitas finden), werden Sie große Unterschiede feststellen. Dies ermöglicht es Ihnen, für Ihr Kind diejenige Einrichtung auszusuchen, deren Bildungs- und Erziehungskonzept am ehesten Ihren Vorstellungen entspricht.

Um es gleich vorwegzunehmen: Wenn Sie einen Platz für ein unter dreijähriges Kind suchen, sind Ihre Auswahlmöglichkeiten zumeist begrenzt, weil es zu wenig Plätze für diese Altersgruppe gibt. Zudem muss in einer Kindertageseinrichtung die pädagogische Praxis nicht (vollständig) mit der Theorie – also der Konzeption – übereinstimmen. Der persönliche Eindruck nach einem oder möglichst mehreren Besuchen der Kita sollte also ausschlaggebend sein.

In diesem Kapitel erfahren Sie, was Konzeptionen üblicherweise beinhalten und weshalb sie so unterschiedlich sind. Anzumerken ist noch, dass auch einige Tagespflegepersonen Konzeptionen für ihre Tätigkeit erstellt haben, die Sie sich beim Erstkontakt geben bzw. zusenden lassen können.

Pädagogische Konzeptionen

Laut § 22a Abs. 1 SGB VIII soll u.a. durch die Entwicklung und den Einsatz einer pädagogischen Konzeption die Qualität der Förderung in Kindertageseinrichtungen sichergestellt werden. So haben inzwischen nahezu alle Kindertagesstätten auf der Grundlage des

Bundes- und Landesrechts sowie des in ihrem Bundesland geltenden Bildungsplans eine einrichtungsspezifische Konzeption erarbei-
tet. In ihr werden die lokalen Gegebenheiten berücksichtigt und ein
eigenes pädagogisches Profil präsentiert.

Hier wird deutlich, dass der jeweilige Bildungsplan keinesfalls direkt
in die Praxis umgesetzt werden kann. Vielmehr sollen die Fachkräfte (und Tagespflegepersonen) zunächst die Lebenslagen und die
Bedürfnisse der Kinder und Familien vor Ort erfassen – schließlich
macht es einen großen Unterschied, ob z.B. überwiegend Kinder
aus der oberen Mittel- und Oberschicht oder Kinder aus einem sozialen Brennpunkt betreut werden, ob die meisten Kinder aus deutschen Familien stammen oder viele einen Migrationshintergrund
haben, ob die Kinder in einer Großstadt leben und kaum Naturer-
fahrungen machen oder auf dem Land wohnen und sich in Gärten
und Nebenstraßen „austoben" können, ob beide Elternteile voll
erwerbstätig sind oder einer zu Hause ist und sich intensiv mit seinen Kindern befassen kann, ob es sich überwiegend um isolierte
bzw. Einzelkinder handelt oder ob sie in ihrem privaten Umfeld viel
Kontakt zu anderen Kindern und Erwachsenen haben, ob die Kinder weitgehend normal entwickelt sind oder viele unter Sprach-
bzw. Verhaltensauffälligkeiten, Entwicklungsverzögerungen oder
Behinderungen leiden (etc.).

Aus dieser *Analyse der Situation und Bedarfe* der betreuten Kinder und
ihrer Familien ergeben sich für jede Kindertageseinrichtung unterschiedliche Konsequenzen, z.B. hinsichtlich der Öffnungszeiten, der
pädagogischen Arbeit mit den Kindern oder der Elternarbeit. Aber
nicht nur diese Besonderheiten fließen in die Konzeption ein, sondern auch die individuellen Bildungs- und Erziehungsvorstellungen
der Fachkräfte (bzw. Tagespflegepersonen). Wie Eltern haben Pädagogen ihren eigenen Erziehungsstil, folgen sie unterschiedlichen
Theorien, setzen sie besondere Ziele und Schwerpunkte.

Im Bereich der frühkindlichen Bildung gibt es ganz verschiedene
pädagogische Ansätze, zwischen denen Fachkräfte wählen können. So
wird in der Konzeption zumeist auch erläutert, welcher Ansatz der
eigenen Arbeit zugrunde liegt. Bekannte pädagogische Ansätze sind

beispielsweise der situationsorientierte Ansatz sowie die Montessori-, Waldorf-, Reggio- und Naturpädagogik. Daneben gibt es weitere pädagogische Ansätze, die sich z.b. an den Theorien von Friedrich Fröbel, Célestin Freinet, Lew Wygotski oder Jürgen Zimmer orientieren, auf der Psychoanalyse fußen oder unter Namen wie „Pyramide" oder „offener Kindergarten" bekannt sind. Ein hoher Prozentsatz der Fachkräfte und vermutlich nahezu alle Tagespflegepersonen arbeiten jedoch eklektisch bzw. integrativ – sie kombinieren Aspekte aus unterschiedlichen pädagogischen Ansätzen. Deshalb fehlt in vielen Konzeptionen auch die Festlegung auf einen Ansatz.

Zu beachten ist, dass die Bezugnahme auf einen pädagogischen Ansatz oder auch eine entsprechende Ausstattung noch lange nicht bedeutet, dass er auch (richtig) praktiziert wird. Das Vorhandensein z.b. von Montessori-Material macht noch keinen Montessori-Kindergarten aus! Hinter jedem Ansatz befinden sich eine Erziehungsphilosophie und bestimmte Prinzipien pädagogischen Denkens und Handelns. Deren Verinnerlichung ist die eigentliche Voraussetzung für die Umsetzung eines pädagogischen Ansatzes. Für Eltern ist es nicht immer einfach, dies auf den ersten Blick zu erkennen.

In nahezu allen Konzeptionen finden sich Aussagen über Bildungs- und Erziehungsziele sowie über die verschiedenen Bildungsbereiche. Obwohl prinzipiell alle der im Bildungsplan des jeweiligen Bundeslandes genannten Ziele und Förderbereiche berücksichtigt werden müssen, kann die einzelne Kindertageseinrichtung darüber hinaus besondere Schwerpunkte setzen, also z.b. auf die körperliche Entwicklung von Kindern („Bewegungskindergarten", „Sportkindergarten") oder auf die mathematische, naturwissenschaftliche und technische Bildung (z.b. „Haus der kleinen Forscher"). Außerdem müssen häufig Vorgaben des Trägers berücksichtigt werden; so haben beispielsweise Kindertageseinrichtungen in kirchlicher Trägerschaft vielfach einen Schwerpunkt im Bereich der religiösen Bildung.

Weitere Inhalte pädagogischer Konzeptionen können beispielsweise sein:

- Geschichte der Kindertagesstätte
- Vorstellung der Einrichtung: Träger, Gebäude, Raumgestaltung und -ausstattung, Außenspielflächen, Zahl der Gruppen, Gruppengröße, Personal, Öffnungszeiten, Ferienregelungen usw.
- Menschenbild, Bild vom Kind, Bildungs- und Erziehungsbegriff
- Didaktik und Methodik der pädagogischen Arbeit
- Förderung von behinderten oder von Behinderung bedrohten, entwicklungsverzögerten, sprach- oder verhaltensauffälligen Kindern, von Kindern mit Migrationshintergrund etc.
- Ernährung und Hygiene, Unfallverhütung
- Vorbereitung auf die Schule
- bei Kinderhorten: Hausaufgabenbetreuung, Zusammenarbeit mit den Lehrern der Schulkinder
- Rolle der Fachkraft, Gestaltung der Beziehung zwischen ihr und den Kindern (Regeln, Rechte der Kinder, Mitbestimmung, z.B. durch „Kinderkonferenzen")
- Zeitplanung/Ablauf eines Tages
- Elternarbeit: Ziele, Formen, Mitbestimmungs- und Mitarbeitsmöglichkeiten, Rolle der Elternvertretung usw.
- Team: Zuständigkeiten, Dienstplan, Verfügungszeiten etc.
- Träger: Rolle, Ziele und Vorgaben
- Öffnung nach außen: Zusammenarbeit mit Schulen, Pfarrei, Beratungsstellen, psychosozialen Diensten, Frühförderstellen, Senioren- und Behindertenheimen, Betrieben, kulturellen Einrichtungen, Vereinen, Jugendamt usw.

In der Konzeption, in Faltblättern und Broschüren oder auf der Homepage finden Eltern, die nach einem Platz für ihr Kind suchen, außerdem Informationen über die Anmeldung, eine eventuelle Warteliste, das Aufnahmeverfahren und die Kosten (Elternbeiträge, Spiel-/Essensgeld). Oft erfahren sie hier auch, wie sie ihr Kind kleiden sollen und was sie mitbringen müssen (z.B. Hausschuhe), dürfen (z.B. ein Kuscheltier) oder nicht dürfen (z.B. Süßigkeiten). Daneben gibt es häufig weitere Regeln (z.B. wie sich die Eltern bei einer Erkrankung ihres Kindes verhalten sollen).

Vieles von dem Vorgenannten gilt auch für die pädagogischen Konzeptionen, die von einigen Tagespflegepersonen verfasst wurden. Diese Texte sind in der Regel aber viel kürzer als die Konzeptionen von Kindertageseinrichtungen und liegen zumeist nur als Manuskript vor. In ihnen werden auch die Besonderheiten der Tagespflegestelle (Größe, Lage, Räumlichkeiten, vorhandenes Spielmaterial, Wohnumgebung, Zahl der betreuten Kinder, gleichzeitige Erziehung leiblicher Kinder usw.) und die besonderen Qualifikationen der Tagespflegeperson (Aus- und Fortbildung) beschrieben.

Zu beachten ist, dass alle pädagogischen Konzeptionen nur „ein Stück Papier" sind und erst in der tagtäglichen Praxis mit Leben gefüllt werden. Und da kann manches anders ablaufen, als in der Konzeption steht...

6. Die Betreuungsqualität

Sicherlich haben Sie sich schon gefragt, was besser für Ihr Kind ist: wenn Sie es möglichst lange in Ihrer Familie betreuen, wenn Sie es in Tagespflege geben oder wenn Sie es eine Tageseinrichtung besuchen lassen. Und wäre es vorteilhafter für Ihr Kind, wenn es ganztags oder nur halbtags betreut würde?

Wenn Sie diese Wahlmöglichkeiten haben, gehören Sie zu den privilegierteren Mitgliedern unserer Gesellschaft – in den ersten Jahren nach der Geburt eines Kindes müssen viele Eltern aus finanziellen Gründen wieder erwerbstätig werden, und andere wollen dies unbedingt aus persönlichen bzw. beruflichen Motiven. Aber auch sie stellen sich die Frage: Was ist gut für mein Kind?

Auf diese Fragen gibt es eine ganz klare Antwort: Entscheidend ist immer die Betreuungsqualität! Findet ein Kind optimale Entwicklungsbedingungen in seiner Familie vor, ist es dort besser aufgehoben als in einer schlechten Kinderkrippe. Sind die Eltern mit der Erziehung überfordert, haben sie wenig Zeit für ihr Kind und fördern sie es kaum, entwickelt es sich sicherlich besser bei einer guten Tagespflegeperson. Ist der Kindergarten hervorragend, kann nach drei Jahren der Entwicklungsvorsprung eines dort betreuten Kindes ein ganzes Lebensjahr betragen im Vergleich zu einem Kind, das einen sehr schlechten Kindergarten besucht hat.

In diesem Kapitel erfahren Sie, was eine gute Kindertagesbetreuung ausmacht. Zunächst werden Sie über sich positiv auswirkende Rahmenbedingungen in Kindertageseinrichtungen und eine qualitativ hochwertige pädagogische Arbeit informiert. Dann geht es darum, wie Sie sich durch Gespräche mit anderen Eltern, durch Besuche vor Ort und bei Schnuppertagen bzw. Vorbesuchen einen Eindruck von den in Frage kommenden Kitas verschaffen können. Zum Schluss werden Sie über Besonderheiten bei der Tagespflege informiert.

In den letzten Jahren haben viele wissenschaftliche Studien belegt, dass die Betreuungsqualität in Kindertageseinrichtungen besser ist, wenn die Kindergruppen klein sind und nur wenige Kinder auf eine Fachkraft kommen. Insbesondere bei Babys und einjährigen Kindern sollte die Personalausstattung gut und die Gruppe sehr klein sein – alle Eltern wissen, wie hoch der Pflege-, Betreuungs- und Erziehungsbedarf bei einem Baby, bei einem einjährigen oder auch noch bei einem zweijährigen Kind ist.

So fordert beispielsweise die Bertelsmann-Stiftung für Kinderkrippen einen Personalschlüssel von 1:3 und für Kindergärten von 1:7,5. Die Gewerkschaft Erziehung und Wissenschaft (GEW) empfiehlt eine Fachkraft für drei bis vier Kinder unter drei Jahren bzw. eine Fachkraft für sieben bis zehn Kindergartenkinder. Die National Association of Early Childhood Education, die weltweit größte Organisation von Fachkräften, hält eine Gruppengröße von 6 bis 12 Kindern bei Ein- und Zweijährigen sowie von 16 bis 20 Kindern bei Vier- und Fünfjährigen für angemessen.

Gruppengröße und Personalschlüssel werden von den Bundesländern festgelegt und sind somit von Land zu Land unterschiedlich. Laut dem Ländermonitor der Bertelsmann-Stiftung variierte im Jahr 2016 beispielsweise die *Fachkraft-Kind-Relation* in Kinderkrippen zwischen 1:2,9 (Baden-Württemberg) und 1:6,0 (Sachsen) und in Kindergärten zwischen 1:6,9 (Baden-Württemberg, Bremen) und 1:12,8 (Mecklenburg-Vorpommern).

Eltern finden also je nach Bundesland unterschiedliche Rahmenbedingungen vor. Da es sich bei den vorgenannten Zahlen um Durchschnittswerte handelt, können sie bei der Suche nach einem Betreuungsplatz aber darauf achten, ob bei den in Frage kommenden Tageseinrichtungen Gruppengröße und Betreuungsschlüssel unter oder über dem Durchschnitt liegen. Einzelne Träger bieten auch bewusst bessere Rahmenbedingungen an, indem sie z.B. mehr Eigenmittel investieren oder höhere Elternbeiträge nehmen.

Ein anderer wichtiger Faktor, der sich auf die Betreuungsqualität auswirkt, ist die *Qualifikation* des Personals. In Kindertageseinrichtungen sind Fachkräfte mit ganz unterschiedlichen Ausbildungen tätig, insbesondere:

- *Kinderpflegerinnen, Sozialassistentinnen* bzw. *Sozialpädagogische Assistentinnen*, die eine zweijährige Ausbildung an einer Berufsfachschule bzw. an einem Berufskolleg absolviert haben.
- *Erzieherinnen*, die je nach Bundesland eine vier- oder fünfjährige Ausbildung erhalten haben; zwei Jahre erfolgten an einer Fachschule oder einer Fachakademie für Sozialpädagogik.
- *Sozialpädagoginnen* bzw. *Kindheitspädagoginnen* mit einem Bachelor Abschluss, die an einer Fachhochschule oder Universität studiert haben.

Das Qualifikationsniveau ist in den einzelnen Bundesländern höchst unterschiedlich. Laut dem Ländermonitor der Bertelsmann-Stiftung hatten 2016 in den ostdeutschen Bundesländern nur 1,6% der Fachkräfte eine Ausbildung als Kinderpflegerin bzw. Sozialassistentin – in Bayern waren es hingegen 37,4%. Auch der Prozentsatz der Fachkräfte mit Hochschulabschluss variierte von Land zu Land, und zwar zwischen 2,6% (Saarland) und 9,0% (Hessen, Sachsen).

Bei der Auswahl einer Kindertageseinrichtung sollten Eltern somit auch auf die Qualifikation der Fachkräfte achten. Natürlich ist die Ausbildung allein nicht ausschlaggebend für die Qualität der pädagogischen Arbeit. Wichtig sind auch Berufserfahrung, Fortbildung und die individuellen Kompetenzen der Fachkraft (z.B. intuitives Verständnis für Kinder und deren Bedürfnisse, Warmherzigkeit, Feinfühligkeit, Autorität, Durchsetzungsfähigkeit, Belastbarkeit, methodisches Geschick und vieles anderes mehr). Eltern können außerdem nachfragen, ob in der Kindertageseinrichtung ein Qualitätsmanagement betrieben wird und was die bisherigen Ergebnisse waren: Nach § 22a Abs. 1 SGB VIII sollen die Träger der öffentlichen Jugendhilfe „die Qualität der Förderung in ihren Einrichtungen durch geeignete Maßnahmen sicherstellen und weiterentwickeln", u.a. durch den „Einsatz von Instrumenten und Verfahren zur Evaluation der Arbeit in den Einrichtungen".

Je jünger ein Kind ist, umso wichtiger ist die *Konstanz* der Betreuungsperson. Insbesondere unter Dreijährige entwickeln sich besser, wenn die meiste Zeit eine ihnen vertraute Fachkraft („Bezugserzieherin") in der Nähe ist. In Kindertageseinrichtungen sollte es generell wenig Personalwechsel geben. Ein solcher ist oft auch ein Hinweis auf Konflikte im Team oder mit dem Träger.

Weitere Faktoren, die für die Betreuungsqualität relevant sind, sind *Raumgestaltung und -ausstattung*. So sollte es viel Platz für jedes Kind geben und sein Bewegungsraum nicht durch eine Unmenge von Möbeln eingeschränkt werden. Es sollte möglichst viele Spiel- und Lernbereiche geben (z.B. Bauecke, Rollenspielbereich, Bastelecke/ Maltisch, naturwissenschaftlich-technischer Bereich, Bilderbuchecke, Ruhebereich), was oft dadurch erreicht wird, dass die Kinder neben dem Gruppenraum auch Nebenräume (oft mit Bezeichnungen wie „Atelier", „Werkraum", „Bewegungsbaustelle", „Snoezelraum" etc.) und Flure nutzen können. Mit offenen Gruppen arbeitende Kitas haben in der Regel unterschiedlich ausgestattete Funktionsräume, zwischen denen die Kinder wählen können.

Für eine hohe Betreuungsqualität sprechen auch anregungsreiche und vielseitig nutzbare Spielgeräte und -materialien. Die den Kindern zugänglichen Regale und Schränke sollten jedoch nicht überquellen, sondern eher sparsam bestückt sein. Dann befassen sich die Kinder länger mit dem jeweils ausgewählten Material. Die Fachkräfte tauschen die Spielsachen von Zeit zu Zeit aus, sodass immer wieder neue und damit interessante Gegenstände ausprobiert und eingesetzt werden können. Insbesondere bei einer großen oder weiten Altersmischung ist es auch wichtig, dass es für jede Altersgruppe entwicklungsgemäße Spielmaterialien, Bücher, Brettspiele usw. gibt.

Insbesondere in (Groß-) Städten sollte das Außengelände vielfältige Natur-, Sinnes- und Bewegungserfahrungen ermöglichen. Ideal für die kindliche Entwicklung ist es, wenn das Gelände naturnahe Flächen, Gartenbeete, Obstbäume und Beerensträucher, Rückzugs- und Versteckmöglichkeiten, kleine Hügel und große Rohre, einen Matschbereich und natürlich einen großen Sandkasten sowie „klassische" Spielgeräte wie Klettergerüst, Rutschen und Schaukeln enthält.

Qualitativ hochwertige pädagogische Arbeit

Die schönste Kindertageseinrichtung, das tollste Außengelände, ein akademisch qualifiziertes Personal garantieren natürlich noch nicht, dass auch eine gute pädagogische Arbeit geleistet wird. Was hier von Kindertageseinrichtungen erwartet wird, kann dem Bildungsplan des jeweiligen Bundeslandes entnommen werden (siehe 4. Kapitel) – und was von einer Kindertagesstätte *vor Ort* erwartet werden kann, steht in deren Konzeption (siehe 5. Kapitel).

Allerdings zeigte die „Nationale Untersuchung zur Bildung, Betreuung und Erziehung in der frühen Kindheit – NUBBEK", bei der 1.242 Zweijährige und 714 Vierjährige untersucht wurden (von denen 446 in Kindergartengruppen, 377 in Krippengruppen, 455 in weit altersgemischten Gruppen, 240 in Kindertagespflege und 438 in Familien betreut wurden), dass die Qualität der pädagogischen Arbeit in den meisten Kitas und Tagespflegestellen verbessert werden müsste. So schrieben die Wissenschaftler in einer Broschüre, die 2012 veröffentlicht wurde und auf www.nubbek.de zu finden ist: „Jeweils über 80 Prozent der außerfamiliären Betreuungsformen liegen ... in der Zone mittlerer Qualität (Werte zwischen 3 und 5). Gute pädagogische Prozessqualität kommt dabei in jedem der Betreuungssettings in weniger als 10 Prozent der Fälle vor; unzureichende Qualität dagegen – mit Ausnahme der Tagespflege – in zum Teil deutlich mehr als 10 Prozent der Fälle".

Noch schlechter waren die Ergebnisse der repräsentativen Studie für einige Bildungsbereiche: „In der auf die Bildungsbereiche Literalität, Mathematik, Naturwissenschaft und interkulturelles Lernen bezogenen KES-E kommen über 50 Prozent der untersuchten Kindergarten- und altersgemischten Gruppen in den Bereich unzureichender Qualität zu liegen". Nur für die Kindertagesstätten bzw. Tagespflegestellen mit guter Qualität – also bei weniger als 10% der Stichprobe – konnte ein positiver Einfluss auf die kindliche Entwicklung nachgewiesen werden, also z.b. beim Wortschatz, bei der sozial-emotionalen Entwicklung oder bei den Kommunikationsfertigkeiten.

Den meisten Eltern ist die unzureichende Qualität der Kindertagesbetreuung bewusst: Einer älteren forsa-Umfrage zufolge kritisierten 76% der befragten Eltern, die Qualität der Kindertagesbetreuung in Deutschland sei sehr unterschiedlich, und sogar 88% hielten die Qualitätsverbesserung in der Kindertagesbetreuung für ein sehr wichtiges bzw. wichtiges Thema, um das sich die Politik kümmern müsse.

Eine offensichtliche Konsequenz, die aus diesen Forschungsergebnissen gezogen werden muss, ist, dass Eltern nicht einen Großteil der Verantwortung für die Erziehung und Bildung ihrer Kinder an Kitas und Tagespflegestellen delegieren dürfen. Der Familienerziehung kommt weiterhin eine überragende Bedeutung hinsichtlich der Entwicklung von Kleinkindern zu (siehe 12. Kapitel).

Gespräche mit Kita-Eltern

Eltern, die auf der Suche nach einer Kindertagesstätte für ihr Kind sind, können wohl die von den in Frage kommenden Einrichtungen vorgelegten Schriften lesen und sich bei einem Besuch einen Eindruck von den Räumlichkeiten verschaffen. Ob dort aber auch eine gute pädagogische Arbeit geleistet wird, ob alle im Bildungsplan des jeweiligen Bundeslandes genannten Kompetenzen gefördert und ob alle Bildungsbereiche angemessen berücksichtigt werden, werden sie auf diese Weise nicht feststellen können.

Hier hilft nur, möglichst viele Auskünfte über die jeweilige Kindertageseinrichtung einzuholen. Eltern können sich in ihrem Bekanntenkreis umhören, andere Eltern auf dem Spielplatz ansprechen oder sogar Eltern beim Abholen ihres Kindes von der Tagesstätte „abfangen". Dann werden sie bald wissen, wie gut der Ruf der jeweiligen Kita ist, wie die pädagogische Arbeit beurteilt wird, ob die Fachkräfte das Gespräch mit den Eltern suchen und intensiv mit ihnen kooperieren etc.

Der persönliche Eindruck

Wenn Eltern auf der Suche nach einer Kindertagesstätte für ihr Kind sind, sollten sie mit den in Frage kommenden Einrichtungen auf jeden Fall einen *Besuchstermin* vereinbaren. In der Regel werden sich die Leiterinnen Zeit nehmen, die Eltern über ihre Kita zu informieren, und werden sie auch durch die Räume führen.

Vielerorts wird ein *„Schnuppertag"* angeboten, wobei es sich in der Regel um einen Nachmittag handelt. Dann können interessierte Eltern mit ihrem Kind in die Kindertagesstätte kommen. Während die Kinder die für sie neuen Räumlichkeiten und Spielsachen erkunden, werden die Eltern über die pädagogische Arbeit informiert.

In manchen Kindertagesstätten besteht die Möglichkeit eines „*Vorbesuchs*". Hier können Eltern, die nach einem Platz für ihr Kind suchen, mit demselben nach Vereinbarung an einem ganz normalen Tag in die Einrichtung kommen und am Kita-Alltag teilnehmen. Während das Kind – soweit möglich – in die Gruppenaktivitäten einbezogen wird, können die Eltern das Geschehen beobachten.

Bei Vorbesuchen, und begrenzter bei Schnuppertagen und Informationsbesuchen, können sich Eltern einen ersten Eindruck von der Betreuungsqualität und den Rahmenbedingungen verschaffen:

- Wie sind die Räume und Spielbereiche gestaltet und ausgestattet? Was für eine Atmosphäre herrscht vor? Wie ist es um Sauberkeit und Hygiene bestellt?
- Werden die Kinder und ihre Kreativität ernst genommen?

Sind z.B. die Räume und Fenster mit schablonenartigen Produkten der Kinder (oder gar der Fachkräfte) dekoriert oder mit echten Kunstwerken der Kinder?

- Was für Spielsachen, Bilderbücher, didaktische Materialien usw. gibt es?
- Wie gehen Fachkräfte und Kinder miteinander um? Fühlen sich alle Kinder wohl und geborgen? Haben sie eine enge Beziehung zu den Pädagoginnen? Werden sie von diesen ermutigt und unterstützt?
- Sind alle Kinder beim Freispiel mit irgendwelchen Aktivitäten engagiert befasst? Oder sind einzelnen Kinder sich selbst überlassen und langweilen sich?
- Haben die Kinder genügend Freiraum für die Selbstbildung? Lernen sie auch ko-konstruktiv in kleinen Gruppen oder im Spiel bzw. in der Interaktion mit einer Fachkraft?
- Wie laufen von den Pädagoginnen angeleitete Aktivitäten ab? Sind alle Kinder interessiert und beteiligt? Lernen sie etwas Neues?
- Schätzen die Fachkräfte die Ideen der Kinder? Beteiligen sie sie an der Planung und Gestaltung des Kita-Alltags und der pädagogischen Angebote?
- Begegnen die Pädagoginnen den Eltern – und einander! – mit Respekt und Wertschätzung?
- usw.

Bei der Betreuung von Babys und Kleinstkindern sollte auch darauf geachtet werden, ob *alle* Fachkräfte in der Gruppe das Wickeln und Füttern übernehmen (oder nur die so genannten „Zweitkräfte"). Gerade bei diesen Aktivitäten wird eine intensive Beziehung zwischen Betreuungsperson und Kind aufgebaut. Deshalb sollten sich Fachkräfte auch viel Zeit für das Wickeln, Anziehen und Füttern nehmen und dabei die Signale des Kindes einfühlsam aufgreifen.

Wenn Eltern, die nach einem Betreuungsplatz suchen, die pädagogischen Konzeptionen der in Frage kommenden Einrichtungen gelesen, die Fachkräfte und die Räumlichkeiten bei einem Besuch kennen gelernt und mit ihrem Kind auch einige Stunden in den Kitas verbracht haben, werden sie mit ziemlicher Gewissheit die entscheidende Frage beantworten können: „Glaube ich, dass sich mein Kind hier wohl fühlen und allseitig gefördert werden wird?"

Qualitativ gute Kindertagespflege

Nach wissenschaftlichen Untersuchungen ist die Betreuungsqualität größer, wenn die Tagespflegepersonen eine spezielle Ausbildung für ihre Tätigkeit erhalten haben und sich kontinuierlich fortbilden. Positiv wirkt sich auch aus, wenn sie in der Kinderbetreuung eine Beschäftigung auf Dauer sehen (also nicht nur für die Zeit, in der die eigenen Kinder noch klein sind) und bereits viel Berufserfahrung haben. Dann haben sie häufiger ein professionelles Selbstverständnis, tauschen sich öfters mit anderen Tagespflegepersonen aus oder haben sich einem Berufsverband angeschlossen.

Nach § 43 Abs. 2 SGB VIII erhalten nur solche Personen eine Erlaubnis zur Kindertagespflege, „die 1. sich durch ihre Persönlichkeit, Sachkompetenz und Kooperationsbereitschaft mit Erziehungsberechtigten und anderen Tagespflegepersonen auszeichnen und 2. über kindgerechte Räumlichkeiten verfügen. Sie sollen über vertiefte Kenntnisse hinsichtlich der Anforderungen der Kindertagespflege verfügen, die sie in qualifizierten Lehrgängen erworben oder in anderer Weise nachgewiesen haben". Rund ein Drittel der Tagespflegepersonen verfügt heute über eine pädagogische Ausbildung. Die übrigen haben – mit wenigen Ausnahmen – zumindest einen Qualifizierungskurs besucht, der allerdings zumeist nur rund 160 Stunden umfasste. Eltern müssen sich darüber im Klaren sein, dass ein solcher Kurs keinesfalls vergleichbar mit der Ausbildung von Kinderpflegerinnen oder gar von Erzieherinnen ist.

Auf die Qualität der Kindertagespflege wirkt sich ferner die Art der Beziehung zwischen Tagespflegeperson und Kind aus. So lässt sich z.B. bei einer guten Betreuung ein hohes Ausmaß an positiven Interaktionen zwischen beiden Seiten feststellen. Von großer Bedeutung ist außerdem das Betreuungsprogramm: „Gute" Tagespflegepersonen erzählen häufiger Geschichten, musizieren mehr mit den Kindern, machen mit ihnen öfters Spiele zur Sprachförderung und zur Entwicklung des Zahlenverständnisses und regen häufiger zum Rollenspiel, zum Malen und zu (grob-/fein-) motorischen Aktivitäten an. Bei der Raumgestaltung haben sie darauf geachtet, dass zumindest ein Raum in ihrer Wohnung kindgemäß eingerichtet und mit Spielsachen, Musikinstrumenten, Mal- und Bastelutensilien, didaktischen Spielen und Materialien für Rollenspiele ausgestattet ist.

Der erste Besuch bei einer Tagespflegeperson

Plätze in Tagespflege sind – wie Plätze für unter dreijährige Kinder in Tageseinrichtungen – rar, und deshalb haben Eltern zumeist keine oder nur wenige Wahlmöglichkeiten (außer sie zahlen einen „übertariflichen" Stundenlohn). Die folgenden Aussagen beziehen sich in erster Linie auf die Tagespflege in der Wohnung der Tagesmutter oder in anderen geeigneten Räumlichkeiten. Vieles gilt aber auch für den Fall, dass die Tagespflegeperson als „Kinderfrau" in der Wohnung der Eltern arbeiten soll.

Wenn Eltern, die ihr Kind in Tagespflege betreuen lassen wollen, mit in Frage kommenden Tagesmüttern Kontakt aufnehmen, werden sie nur in seltenen Fällen eine Konzeption oder andere Schriften erhalten. Umso größer ist die Bedeutung des Gesprächs mit der Tagespflegeperson, in dem diese ihre Qualifikationen und die Grundzüge ihrer pädagogischen Arbeit schildern kann. Hier können Eltern beispielsweise fragen:

- Haben Sie eine besondere Aus- und Fortbildung als Tagesmutter erhalten? Besitzen Sie eine Pflegeerlaubnis vom Jugendamt?

- Wie viele Kinder haben Sie schon betreut? Wie alt waren diese? Wie viele Kinder betreuen Sie derzeit?
- Kennen Sie den in unserem Bundesland gültigen Bildungsplan? Wie fördern Sie die Fähigkeiten und Fertigkeiten der Ihnen anvertrauten Kinder? Was für Aktivitäten führen Sie mit den Kindern zu den verschiedenen Bildungs- und Erziehungsbereichen durch?
- Wird mein Kind bei Ihnen auch fernsehen oder andere Medien nutzen?
- Was für ein Essen bereiten Sie für mein Kind zu? Was muss ich mitbringen? Wie ist der Umgang mit Süßigkeiten? Wird in Ihrem Haushalt geraucht? Haben Sie Haustiere?
- Wie stellen Sie sich Ihre Beziehung zu uns Eltern vor? Was erwarten Sie von uns?
- usw.

Bei dem Besuch sehen die Eltern die Räumlichkeiten und können somit beurteilen, ob sie kindgemäß eingerichtet, mit altersgerechten Spielsachen und Materialien ausgestattet, sauber, ordentlich und sicher sind. Sie werden beobachten, wo Babys und Kleinstkinder gewickelt und gefüttert werden und wo sie ihren Mittagsschlaf halten. Falls es keinen Garten gibt, können sie die Tagespflegeperson fragen, wo sie mit den Kindern hingeht, und sich dann später den Spielplatz, den Park oder das Waldgelände anschauen.

Oft sind bei dem Besuch auch die Tageskinder bzw. die leiblichen Kinder der Tagespflegeperson anwesend. So erleben Eltern, wie diese mit den Kindern umgeht und wie die Stimmung ist. Gelegentlich können Eltern, die einen Platz bei einer Tagespflegeperson suchen, bei ihr hospitieren, sodass sie beobachten können, wie die Tagesmutter mit den Kindern umgeht und wie sie diese erzieht und bildet.

Nach einem oder mehreren ausführlichen Gesprächen mit der Tagespflegeperson sollten Eltern den Eindruck haben, dass diese Einfühlungsvermögen und Sensibilität für die Bedürfnisse ihres Kindes aufbringen, es liebevoll behandeln und seine Entwicklung angemessen fördern wird. Auch sollten sie das Gefühl haben, dass deren Erziehungsziele und -vorstellungen mit den eigenen übereinstimmen und dass sie zu ihr eine vertrauensvolle Beziehung aufbauen können.

7. Das Anmeldeverfahren

In diesem Kapitel erfahren Sie, wie die Anmeldung bei Kindertageseinrichtungen erfolgt, nach welchen Kriterien Plätze vergeben werden und wie ein Aufnahmegespräch verläuft. Ferner werden Sie über das Aufnahmeverfahren bei Kindertagespflege informiert.

Die Anmeldung bei einer Kindertageseinrichtung

Wenn Eltern nach reiflichem Überlegen eine Kindertagesstätte für ihr Kind ausgesucht haben, sollten sie sich dort „vormerken" lassen. Dies ist allerdings nicht überall möglich. Bei vielen Kindertageseinrichtungen ist jederzeit eine Anmeldung möglich – und gelegentlich kann ein Kind auch sofort aufgenommen werden, wenn noch ein Platz unbesetzt ist oder gerade frei geworden ist (z.B. weil eine Familie fortgezogen ist). Andernorts gibt es besondere Einschreibungstermine, die meist später als die Schulanmeldetermine liegen. Dann wissen die Kitas schon, wie viele Kinder an die Schule wechseln, also wie viele Plätze neu zu vergeben sind. Aufgrund dieser Unterschiede bei dem Anmeldeverfahren sollten sich Eltern frühzeitig erkundigen, wie dies bei den für sie in Frage kommenden Kindertagesstätten gehandhabt wird. In einigen Bundesländern (z.B. in Berlin und Hamburg) muss bei der Anmeldung ein „Kita-Gutschein" vorgelegt werden, der zuvor beim Jugend- bzw. Bezirksamt zu beantragen ist.

Eine Anmeldung bedeutet nicht, dass das Kind auch aufgenommen wird. So werden freie Plätze oft nach bestimmten *Kriterien* vergeben – insbesondere wenn der Bedarf das Angebot übersteigt. Dies gilt in erster Linie für unter dreijährige Kinder, für die es bundesweit gesehen zu wenig Plätze gibt. Kinder haben wohl nach Vollendung des ersten Lebensjahres bis zum Schuleintritt einen Rechtsanspruch auf Kindertagesbetreuung (siehe 3. Kapitel) – aber nicht auf einen bestimmten Platz.

Zu den Auswahlkriterien gehören soziale, erzieherische, medizinische und psychologische Gründe (z.B. wenn Alleinerziehende berufstätig sein müssen, um den Unterhalt ihrer Familie sicherzustellen, wenn die Familiensituation durch beengte Wohnverhältnisse, Sucht, chronische Krankheit oder Gewalt gekennzeichnet ist, wenn ein Kind einen besonderen erzieherischen Bedarf aufgrund von Entwicklungsverzögerungen oder Sprachstörungen aufweist, wenn behinderte Kinder oder solche mit Migrationshintergrund frühzeitig integriert werden sollen). In diesen Fällen sollten Eltern bei der Anmeldung den Kita-Leiterinnen mitteilen, dass bei ihnen solche Gründe vorliegen. Vielerorts werden Geschwisterkinder vorgezogen, wenn bereits ein Kind die Kindertagesstätte besucht. Kirchliche Träger bevorzugen häufig Kinder, deren Eltern der Pfarrei angehören, und viele Kommunen legen fest, dass freie Plätze zuerst an Bürger der jeweiligen Gemeinde zu vergeben sind. Einige Kindertageseinrichtungen gehen nach einer Warteliste vor – hier werden die Plätze in der Reihenfolge der Anmeldungen vergeben. Oft werden die Kinder auch entsprechend ihres Alters aufgenommen: die älteren kommen zuerst an die Reihe.

Eltern sollten sich also bei der Anmeldung ihres Kindes erkundigen, wie groß die Chancen sind, dass es auch wirklich von der jeweiligen Kindertagesstätte aufgenommen wird. Oft kann es sinnvoll sein, sich bei zwei oder mehr Einrichtungen anzumelden. Vielerorts – insbesondere bei größeren Trägern – werden die Vormerkungen aber auch von den Kita-Leiterinnen abgeglichen und Mehrfachanmeldungen gelöscht.

Das Aufnahmegespräch

Wird ein Kind in eine Kindertageseinrichtung aufgenommen, werden die Eltern in der Regel zu einem längeren Gespräch eingeladen. Dieses wird zumeist von der Kita-Leitung geführt, oft aber auch von der Leiterin der Gruppe, in die das Kind kommen wird, oder mit dieser zusammen.

54

Das Aufnahmegespräch markiert den Start in eine gemeinsame Zukunft. Ein zentrales Thema ist hier das Kind. Die Fachkraft erfragt, wie es sich bisher entwickelt hat, was es für Stärken und Schwächen, Vorlieben und Abneigungen hat, wie sein Spielverhalten ist, wie es mit anderen Kindern zurechtkommt, ob es schon fremdbetreut wurde, was medizinisch zu beachten ist usw. Auch wird geklärt, ob das Kind z.B. aufgrund religiöser Vorschriften bestimmte Dinge nicht essen darf.

Fachkräfte können den familienergänzenden und -unterstützenden Auftrag von Kindertageseinrichtungen nur erfüllen, wenn sie die familiale Lebenswelt der ihnen anvertrauten Kinder kennen. Nur dann können den Kindern „ergänzende" Erfahrungen vermittelt werden. Deshalb wird beim Aufnahmegespräch auch über die Familiensituation gesprochen (Familienstand, Geschwister, Beruf, Freizeitgestaltung etc.), werden die Erziehungsziele und das Erziehungsverhalten der Eltern angesprochen und deren Wünsche hinsichtlich der Erziehung und Bildung ihres Kindes erfasst.

Ein weiteres zentrales Thema ist die Tagesbetreuung: Die Fachkraft erläutert die pädagogische Konzeption, den Tagesablauf, besondere Aktivitäten mit Kindern, ihren eigenen Erziehungsstil, Angebote für Eltern usw. Auch wird besprochen, wie die Eingewöhnungsphase in der Einrichtung verlaufen soll (siehe 8. Kapitel).

Ferner geht die Fachkraft mit den Eltern den *Betreuungsvertrag*, Formulare und Informationsblätter durch. Fragen, wechselseitige Erwartungen, Verpflichtungen und eventuelle Missverständnisse werden geklärt. Das Aufnahmeverfahren wird mit der Unterzeichnung des Betreuungsvertrages und anderer Dokumente abgeschlossen. Spätestens am ersten Tag des Besuchs der Kindergarteneinrichtung muss von den Eltern auch ein Nachweis über die Gesundheitsvorsorgeuntersuchungen des Kindes durch Vorlage des Untersuchungsheftes oder einer entsprechenden ärztlichen Bescheinigung erbracht werden.

Bei Tagespflegepersonen gibt es keine Anmeldefristen. Wird die Tagesmutter vom Jugendamt vermittelt und übersteigt der Bedarf das Angebot, wird das Jugendamt Familien nach sozialen, erzieherischen, medizinischen und psychologischen Kriterien (s.o.) auswählen.

Da in der Kindertagespflege keine festen Öffnungszeiten üblich sind, muss mit der Tagespflegeperson individuell vereinbart werden, für welche Zeitdauer und in welchem Umfang das Kind betreut werden soll. Dabei sind auch „unkonventionelle" Betreuungszeiten denkbar, z.B. am Nachmittag nach Besuch einer Kindertageseinrichtung oder Schule, nur an bestimmten Wochentagen oder gelegentlich auch am Wochenende, wenn die Eltern auf Reisen oder Tagungen sind. Abzuklären ist ferner, ob es eine Vertretung gibt, wenn die Tagespflegeperson Urlaub hat oder krank ist. Eltern sollten auch erfragen, ob die Tagesmutter eine Haftpflichtversicherung und eine Unfallversicherung für die von ihr betreuten Kinder eingegangen ist. Sollte Letzteres nicht der Fall sein, können die Eltern eine solche Versicherung für ihr Kind abschließen.

Prinzipiell ist es sinnvoll, mit der Tagespflegeperson einen schriftlichen *Betreuungsvertrag* abzuschließen. Jugendämter – aber auch z.B. der Bundesverband für Kindertagespflege e.V. – stellen Musterverträge zur Verfügung, die an die konkreten Verhältnisse angepasst werden müssen. Falls die Tagespflegeperson von den Eltern fest angestellt werden soll, muss mit ihr ein *Arbeitsvertrag* abgeschlossen werden.

Beim Aufnahmegespräch werden bei der Kindertagespflege ähnliche Themen behandelt wie bei der Betreuung in Kindertageseinrichtungen. So werden die bisherige Entwicklung des Kindes, seine Stärken und Schwächen sowie besondere Bedarfe, die Familiensituation und die Wünsche der Eltern reflektiert. Ferner geht es um die pädagogische Arbeit der Tagespflegeperson, den Tagesablauf, die Eingewöhnungsphase usw.

8. Die Eingewöhnung

Für Kleinkinder können die ersten Tage in Kindertagesbetreuung zu traumatischen Erfahrungen werden, wenn sie plötzlich mehrere Stunden getrennt von ihren Eltern in einer für sie neuen Umgebung verbringen sollen, mit ihnen gänzlich unbekannten Erwachsenen und Kindern konfrontiert werden und mit Letzteren um Spielzeug und Aufmerksamkeit konkurrieren müssen. Deshalb wird heute in der Regel eine „sanfte" Eingewöhnung praktiziert.

In diesem Kapitel erfahren Sie, wie Sie Ihr Kind auf den Besuch einer Kindertageseinrichtung bzw. auf die Betreuung durch eine Tagespflegeperson vorbereiten können. Auch werden Sie informiert, wie idealerweise die Eingewöhnung Ihres Kindes ablaufen wird.

Vorbereitung auf die Kindertagesbetreuung

In den Monaten vor Beginn der Tagesbetreuung sollten Eltern versuchen, Interesse und Vorfreude bei ihrem Kind zu wecken: „Bald wirst du in den Kindergarten kommen! Da kannst du mit vielen anderen Kindern spielen. Und da gibt es auch viel mehr Spielsachen als bei uns zu Hause!" – „Deine Tagesmutter ist eine wirklich liebe Person. Sie wird sicherlich ganz viel mit dir spielen!" Dabei können Eltern auf Bilderbücher zurückgreifen, die ihrem Kind einen ersten Eindruck vom Leben in einer Kindertageseinrichtung bzw. Tagespflegestelle und von dem dort üblichen Tagesablauf vermitteln.

Werden Schnuppertage oder Vorbesuche angeboten, können Eltern mit ihrem Kind bereits vor dem ersten Betreuungstag mehrere Stunden in der Kita verbringen. Sie können dann gemeinsam die Räumlichkeiten erkunden, Spielgeräte ausprobieren oder mit vorhandenen Materialien spielen. Auch lernt das Kind andere Kinder kennen, die entweder mit ihm zusammen aufgenommen werden oder die bereits in der Kindertageseinrichtung sind.

Gibt es diese Angebote nicht (wie in der Regel bei Tagespflegestellen), kann oft das Kind zur Anmeldung oder zum Aufnahmegespräch mitkommen und dann mit den Eltern die Kita (bzw. die Wohnung der Tagespflegeperson) besichtigen bzw. während des Gesprächs neue Spielmaterialien ausprobieren. Ansonsten empfiehlt es sich, gelegentlich bei der Kindertageseinrichtung vorbeizugehen – insbesondere bei schönem Wetter, wenn Kinder das Außengelände nutzen –, sodass das Kind vom Zaun aus den anderen Kindern bei ihren Aktivitäten zuschauen kann. Kommt man während der Abholzeit vorbei, kann das Kind beobachten, dass alle Kinder wieder von ihren Eltern abgeholt werden. Auf diese Weise werden die Erwartungen des Kindes geprägt, gewinnt es die Zuversicht, dass es sich in der Kindertagesstätte rundum wohl fühlen wird.

Je mehr Eltern mit ihrem Kind über die neue Situation reden, umso weniger Angst wird es vor ihr haben. Das trifft in der Regel aber nur dann zu, wenn Eltern selbst *keine Vorbehalte* haben! So bahnt sich ja die erste regelmäßige und längerfristige Trennung vom Kind an, und deshalb ist es nicht verwunderlich, wenn Eltern schon jetzt einen Trennungsschmerz verspüren oder sich Sorgen machen, dass ihr Kind vielleicht nicht mit der neuen Situation zurechtkommen oder beim Vergleich mit anderen Kindern schlecht abschneiden könnte. Kleinkinder haben „feine Antennen", und wenn sie Vorbehalte auf Seiten ihrer Eltern erspüren, werden auch sie unsicher und ängstlich.

Zudem erschweren *Trennungsängste* der Eltern oft die Eingewöhnung des Kindes – es wird sich dann beim Bringen verstärkt an den Elternteil klammern und mehr weinen. Natürlich sind solche Ängste und Vorbehalte nicht „falsch", aber sie sollten das Kind nicht auf der unbewussten Ebene belasten und dann von ihm während der Eingewöhnung ausagiert werden. Deshalb sollten Eltern sich ihrer eigenen Gefühle bewusst werden und diese z.B. im Gespräch miteinander abklären.

Zumeist erfahren Eltern beim Aufnahmegespräch, wie der Einge-
wöhnungsprozess seitens der Kindertageseinrichtung oder Tagespflegestelle gestaltet wird. In der Regel wird heute von ihnen erwartet, dass sie ihr Kind während der ersten Tage begleiten. Bei Babys
und Kleinstkindern sind sie zunächst im Gruppenraum bzw. im
Spielraum der Tagespflegestelle anwesend. Die Fachkraft bzw. Tagesmutter übernimmt in zunehmendem Maße die Versorgung (Füttern, Wickeln, Anziehen) und Betreuung des Kindes. Sie reagiert als
erste auf dessen verbalen und nonverbalen Äußerungen; die Eltern
greifen nur ein, wenn das Kind die fremde Erwachsene noch nicht
akzeptiert.

Die Eltern sollten mit ihrem Kind weder spielen noch es anderwei-
tig beschäftigen. Dies ist Aufgabe der Fachkräfte bzw. der Tagespflegeperson – und schließlich soll ja das Kind Kontakt zu den anderen Kindern aufnehmen und eine Beziehung zu den zunächst
noch fremden Erwachsenen aufbauen. Dank der Anwesenheit der
Eltern kann das Kind aber jederzeit in einen „sicheren Hafen"
flüchten, wenn es ängstlich ist oder getröstet werden möchte. Dann
sollten die Eltern es nicht drängen, wieder zu den anderen Kindern
zu gehen. Wird der Stress nach zwei, drei Stunden für das Kind zu
groß, gehen die Eltern mit ihm nach Hause.

Einige Tage später – und bei Kindern im Kindergartenalter oft vom
ersten Tage an – bleiben die Eltern in einem Nebenraum, der
manchmal als „Elterncafé" eingerichtet wird, oder halten sich in der
Nähe der Einrichtung bzw. Tagespflegestelle auf. So können sie
jederzeit herbeigerufen werden, wenn ihr Kind weint und sich nicht
trösten lässt. In der Regel wird dies in den folgenden Tagen immer
seltener der Fall sein, und so können die Eltern auch schon einmal
einen längeren Spaziergang machen, Einkäufe erledigen und kurzzeitige Termine wahrnehmen. Schließlich sind sie ja dank Handy
jederzeit erreichbar. Das Kind wird seine Eltern leichter gehen lassen, wenn es spürt, dass sie Vertrauen in die Fachkraft bzw. Tages-

pflegeperson haben und ihm signalisieren: „Hier kannst du ruhig zurückbleiben".

So wird der Zeitraum sukzessive vergrößert, in dem das Kind allein in der Gruppe bzw. Tagespflegestelle ist, bis schließlich die vereinbarte Betreuungsdauer erreicht wird. Die Eingewöhnung ist abgeschlossen, wenn das Kind so viel Vertrauen in die Fachkräfte bzw. in die Tagespflegeperson entwickelt hat, dass es sich trösten lässt. Es mag dann wohl noch häufiger gegen den Weggang seiner Eltern protestieren und dabei auch weinen. Eltern müssen sich aber keine Sorgen machen, wenn die Fachkraft bzw. Tagespflegeperson berichtet, dass es sich dann aber schnell beruhigen lässt und sich gut gelaunt den anderen Kindern zuwendet und an den angebotenen Aktivitäten teilnimmt. Keinesfalls sollte die Trennung heraus gezögert werden, sondern die Verabschiedung sollte möglichst kurz (aber herzlich) ausfallen. Hilfreich sind feste Abschieds- und Wiedersehensrituale.

Viele Kinder verkraften eine Trennung leichter, wenn sie einen *vertrauten Gegenstand* von Zuhause dabei haben. Dies kann z.B. ein Kuscheltier oder eine alte Stoffwindel sein. So bleiben die Kinder in der neuen Situation gewissermaßen in Verbindung mit dem Sicherheit spendenden Daheim. Manche Fachkräfte oder Tagespflegepersonen erleichtern die Trennung, indem sie Fotos von der Familie des Kindes aufhängen oder ein Fotobuch anlegen. So kann sich das Kind zumindest die Bilder ansehen, wenn es Sehnsucht nach seinen Eltern hat.

In manchen Kindertageseinrichtungen werden ältere Kinder als *Paten* für die Neuankömmlinge eingesetzt. Sie kümmern sich dann intensiv um das ihnen anvertraute Kind, zeigen ihm die Räume und Spielsachen, begleiten es zur Toilette oder sitzen beim zweiten Frühstück oder beim Mittagessen neben ihm.

Wie lange die Eingewöhnungszeit dauert, ist von Kind zu Kind verschieden (und natürlich auch von dessen Alter abhängig). Einige Kinder können schon nach fünf, sechs Tagen alleine in der Kindertageseinrichtung oder Tagespflegestelle für die gesamte Dauer der

Betreuungszeit bleiben. Sie zeigen dies auch deutlich, indem sie versuchen, selbst mit Belastungssituationen fertig zu werden, selten nach ihren Eltern verlangen oder sich sogar gegen ein Aufnehmen oder Körperkontakt wehren.

Ältere Kleinkinder sagen gelegentlich schon am zweiten Tag: „Mama, du kannst jetzt gehen!" Dies gilt insbesondere für Kinder, die bereits häufiger von ihren Eltern getrennt waren (z.B. bei Großeltern übernachteten), die Erfahrungen in einer (Krabbel-, Mutter-Kind-) Gruppe gesammelt haben oder ein Kind in der Gruppe von anderen Situationen her gut kennen.

Kinder – insbesondere unter Dreijährige –, die bei Anwesenheit der Eltern immer wieder deren Blick suchen, die schon beim Herausgehen ihrer Eltern oder kurze Zeit später weinen, benötigen hingegen oft zwei bis drei Wochen für die Eingewöhnung. Der Elternteil, der die Erziehung des Kindes übernommen hatte und nun wieder erwerbstätig werden möchte, sollte seine Stelle also möglichst erst drei Wochen nach Aufnahme des Kindes in die Tagesbetreuung antreten...

9. Der Tagesablauf

In diesem Kapitel erhalten Sie Informationen darüber, wie üblicherweise ein Tag in einer Kindertageseinrichtung verläuft. Ferner erfahren Sie, dass ein Tag in einer Tagespflegestelle einem Tag in einer Familie ähnelt.

Tagesablauf in Kindertageseinrichtungen

Der Tagesablauf ist abhängig von den *Öffnungszeiten*, die vom Träger geregelt werden. So macht es einen Unterschied, ob eine Kindertagesstätte nur am Vormittag (oder bei Kinderhorten nur am Nachmittag), für sechs Stunden über Mittag oder ganztags geöffnet ist. Einige Kitas machen auch eine längere Mittagspause, während der die Eltern ihre Kinder nach Hause holen müssen, und andere haben überlange Öffnungszeiten oder sogar einen Schicht- und Wochenendbetrieb (so sind manche Betriebskindertagesstätten, z.B. an Krankenhäusern, 24 Stunden am Tag und an allen sieben Tagen der Woche geöffnet). Häufig gibt es einen gruppenübergreifenden Früh- bzw. Spätdienst für Kinder, die sehr früh gebracht oder später als die meisten anderen Kinder abgeholt werden. Viele Kitas haben Gruppen mit unterschiedlich langen Öffnungszeiten. Auch muss die Anwesenheitszeit eines Kindes nicht identisch mit der Öffnungszeit der Einrichtung sein – Erstere sollte dem Bedarf der Eltern entsprechen und sich am Wohl des Kindes orientieren, also sein Alter, seinen Entwicklungsstand, seine Bedürfnisse und seine Befindlichkeit berücksichtigen.

In der Regel begleiten Eltern am Morgen ihr Kind bis zum Vorraum bzw. Flur, wo jedes Kind ein eigenes Fach und einen Garderobenhaken hat. Sie helfen ihm beim Umkleiden und geben es dann im Gruppenraum ab, wo es von den Fachkräften begrüßt wird. Oft ergibt sich noch ein kurzes Tür- und Angel-Gespräch, insbesondere wenn Eltern wichtige Mitteilungen haben (z.B. dass ihr Kind schlecht geschlafen hat oder am Wochenende zum ersten Mal „Mama" gesagt hat). Bei Kitas mit einem großen Einzugsgebiet werden viele Kinder auch von Bussen gebracht.

Meistens spielen die Kinder zunächst alleine oder in Kleingruppen in den Lernbereichen des Gruppenraums. Während dieser *Freispielzeit* können sie den Spielort, die Spielmaterialien, ihre Spielpartner und die Spieldauer frei wählen. Wenn dann alle Kinder eingetroffen sind, versammelt sich die Gruppe zum *Morgenkreis*. Hier wird z.B. besprochen, wie der Tag verlaufen soll oder welche besonderen Aktivitäten (Projekte, Ausflüge, Feste usw.) für die kommenden Tage geplant sind. Im Stuhlkreis werden Geschichten erzählt, Lieder gesungen und ähnliche Aktivitäten praktiziert. Auch können Kinder erzählen, was sie gerade bewegt. Manchmal werden Probleme oder Konflikte angesprochen, was dann beispielsweise dazu führen kann, dass die Gruppe eine neue Verhaltensregel aufstellt. Mancherorts findet der Stuhlkreis zu einem späteren Zeitpunkt statt und/oder nicht jeden Tag. Geht es in erster Linie um die Regelung des Zusammenlebens und die Planung von Aktivitäten, wird oft von einer „Kinderkonferenz" gesprochen.

Im weiteren Verlauf des Vormittags gibt es in der Regel eine weitere Freispielzeit, die bei gutem Wetter auch draußen verbracht werden kann, sowie von den Fachkräften *angeleitete Aktivitäten*. Dazu gehören z.B. Bewegungs- und Rhythmikangebote, Turnen, Singspiele, Tänze, Musizieren (z.B. mit Orff-Instrumenten), Entspannungsübungen, religionspädagogische Einheiten, Bilderbuchbetrachtungen, naturwissenschaftliche Experimente, hauswirtschaftliche Tätigkeiten, Werken und Basteln. Diese Aktivitäten lassen sich bestimmten Bildungsbereichen zuordnen, wie sie in den Bildungsplänen der Bundesländer ausgewiesen sind (siehe 4. Kapitel). Ferner ist ein *zweites Frühstück* vorgesehen, das entweder jedes Kind für sich alleine einnehmen kann (also wenn es Hunger hat) oder das alle Kinder zur gleichen Zeit verspeisen. Es wird entweder von den Fachkräften bereit gestellt oder die Kinder essen die mitgebrachte Brotzeit.

„Halbtagskinder" werden gegen 12 Uhr von ihren Eltern abgeholt (dasselbe gilt für alle Kinder, wenn die Einrichtung über Mittag schließt). Die anderen Kinder erhalten ein *Mittagessen*, das bei den meisten Kindertagesstätten angeliefert wird. In der Regel decken sie selbst den Tisch und übernehmen auch das Aufräumen. Nach dem Mittagessen können sich jüngere Kinder ausruhen oder *schlafen* (z.B. in einem separaten Raum oder in der Kuschelecke). Für ältere Kinder ist oft wieder Freispiel angesagt.

In Kinderkrippen können Babys und Kleinstkinder natürlich immer dann schlafen, wenn sie müde sind. Hier spielen pflegerische Tätigkeiten (An- und Ausziehen, Wickeln, Füttern) eine viel größere Rolle als in Kindergärten. Sie werden häufig mit Babymassage, Fingerspielen und anderen Formen der intensiven Zuwendung verbunden, weil auf diese Weise die Beziehung zwischen Fachkraft und Kind intensiviert und dessen Entwicklung gefördert wird. Auch in Kinderkrippen gibt es Morgenkreise, Freispiel und von den Fachkräften angeleitete Aktivitäten, die natürlich auf einem anderen Niveau stattfinden als bei älteren Kindern.

Nach der mittäglichen Freispiel-, Ruhe- bzw. Schlafenszeit gibt es am Nachmittag häufig wieder *Bildungsangebote* der Fachkräfte. Oft richten sie sich dann an bestimmte Zielgruppen, z.B. nur an Kinder mit einem besonderen Sprachförderbedarf oder nur an die so genannten „Schulanfänger" (Kinder, die nach Ende des Kindergartenjahres eingeschult werden). In diesen Kleingruppen ist eine besonders intensive Förderung möglich. Mancherorts werden auch Trainingsprogramme durchgeführt, mit deren Hilfe z.B. Konfliktlösefertigkeiten ausgebildet werden, die Widerstandsfähigkeit (Resilienz) gestärkt oder der Lese- und Rechtschreibschwäche vorgebeugt wird. Dann folgt eine *Freispielzeit* (oft auch draußen), während der die Kinder nach und nach von ihren Eltern abgeholt werden. Hier ergeben sich viele Gelegenheiten für Tür- und Angel-Gespräche, bei denen die Eltern z.B. über besondere Ereignisse oder Entwicklungssprünge bei ihrem Kind informiert werden.

Bei halboffenen oder offenen Gruppen können während (eines Teils) der Freispielzeit alle (Funktions-) Räume der Kindertagesstätte genutzt werden. Zu anderen Zeiten können die Kinder zwischen den Bildungsangeboten *aller* in der Einrichtung beschäftigten Fachkräfte wählen. Manchmal gibt es aber auch Einschränkungen, indem Aktivitäten nur für eine bestimmte Alters- oder Zielgruppe angeboten werden.

An manchen Tagen wird von dem üblichen Tagesablauf abgewichen. Das ist z.b. dann der Fall, wenn der Geburtstag oder Namenstag eines Kindes oder Feste wie Nikolaus, Weihnachten und Mevlid gefeiert werden. Auch längerfristige Projekte (z.b. zu Themen wie „Die Elemente", „Die Türkei", „Ritterzeit", „Musikinstrumente" oder „Handwerker") können einen großen Teil des Tages beanspruchen, insbesondere wenn sie mit Exkursionen verbunden sind. Gelegentlich oder regelmäßig finden Ausflüge in die Natur, zur Sporthalle der Schule, zum Schwimmbad oder zu einem öffentlichen Spielplatz statt. Manchmal werden auch Bauernhöfe, Unternehmen, Museen, Kirchen, Ateliers und andere für Kleinkinder interessante Orte besucht.

Im Kinderhort treffen die Kinder nach und nach ein – je nachdem, wann der Unterricht zu Ende ist und wie weit der Weg zwischen Schule und Hort ist. Sie haben zunächst Freizeit, bis alle Kinder angekommen sind. Dann gibt es ein gemeinsames Mittagessen; manchmal müssen die Schüler auch ihre Brotzeit mitbringen. Der weitere Nachmittag besteht aus der *Hausaufgabenzeit*, während der die Fachkräfte die Aufsicht übernehmen und bei Bedarf auch helfen, und der *Freizeit*, in der die Kinder spielen und Sport treiben. Häufig gibt es *von den Fachkräften angeleitete Aktivitäten* oder Bildungsangebote. Kinderhorte sind keine Nachhilfeinstitute, sondern sozialpädagogische Einrichtungen, sodass die Hausaufgabenbetreuung nur eine Aufgabe der Pädagogen neben vielen anderen ist.

Generell sollten sich Eltern an die vereinbarten Bring- und Abholzeiten halten, weil sie sonst die Fachkräfte beim Morgenkreis, bei Bildungsangeboten oder bei der systematischen Beobachtung einzelner Kinder stören könnten. In manchen Kindertageseinrichtungen wird nach der Bringzeit sogar die Eingangstür abgesperrt, sodass zu spät kommende Eltern ihre Kinder wieder mit nach Hause nehmen müssen. Insbesondere in den Wochen nach der Eingewöhnungszeit sollten die Eltern pünktlich sein, um dem Kind Verlässlichkeit und Vertrauenswürdigkeit zu signalisieren.

Beim Abholen werden Eltern oft erleben, dass ihr Kind auf die Frage „Was habt ihr denn heute gemacht?" keine Antwort gibt oder nur sagt, dass es schön war. Dies ist ein ganz normales Verhalten und ein Zeichen dafür, dass sich das Kind allmählich von seiner Familie ablöst und selbständig wird. Häufig wird es aber im weiteren Verlauf des Spätnachmittags oder Abends von sich aus über besondere Ereignisse und Erlebnisse berichten. Eltern sollten also etwas Geduld haben...

Nach dem Abholen ist das Kind oft für längere Zeit *quengelig*. Auch das ist ein ganz normales Verhalten: Das Kind versucht, während der Betreuungszeit zu wenig erhaltene Zuwendung nun von seinen Eltern in „geballter Form" zu bekommen. Es ist offensichtlich, dass noch so gute Fachkräfte nicht jedem der bis zu 28 Kinder in ihrer Gruppe jeden Tag ihre Aufmerksamkeit schenken, sich mit ihm unterhalten oder mit ihm spielen können. Auch müssen sie Bildungsangebote vorbereiten und durchführen, Mahlzeiten austeilen, Kindern auf der Toilette helfen usw. usf. So kommen die meisten Kinder mit einem Zuwendungsdefizit nach Hause. Es ist deshalb wichtig, dass Eltern auf die Quengelei nicht unwirsch reagieren, sondern sich möglichst Zeit *nur* für ihr Kind nehmen – sich mit ihm unterhalten, ihm eine Geschichte vorlesen oder mit ihm spielen.

Der Tagesablauf in der Kindertagespflege

Die Gefahr eines Zuwendungsdefizits ist bei der Tagespflege geringer, insbesondere wenn die Tagespflegeperson nur zwei oder drei Kinder betreut. Hier ist der Tagesablauf weniger strukturiert als in Kindertageseinrichtungen, ähnelt also mehr dem Tagesablauf in anderen Familien mit Kleinst- bzw. Kleinkindern. So wird z.B. miteinander gekocht und gebacken, spazieren gegangen und gelegentlich auch Fernsehen geschaut. In der Regel führen Tagespflegepersonen aber mehr bewusst geplante (bildende) Aktivitäten mit den Kindern durch als Eltern.

Wird das Kind in der Wohnung seiner Eltern betreut, so arbeitet die „Kinderfrau" mit den Spielen und Materialien, die sie dort vorfindet. Durch die Auswahl der Spielsachen können die Eltern also großen Einfluss auf die Aktivitäten nehmen. Sie können der Tagespflegeperson aber auch einen gewissen Etat für den Kauf von Spielmaterialien zuweisen. Diese kann ganz individuell auf das Kind eingehen, das z.B. dann schlafen oder essen kann, wenn es die entsprechenden Bedürfnisse äußert.

10. Die Elternbeteiligung

In diesem Kapitel erfahren Sie, dass Sie als Eltern nicht einfach Ihr Kind in der Kita oder Tagespflegestelle abgeben und ansonsten passiv bleiben können, sondern dass Sie eine aktive Bildungs- und Erziehungspartnerschaft mit den Fachkräften bzw. der Tagespflegeperson eingehen sollen. Sie werden darüber informiert, wie diese auf den Ebenen des Kindes, der Gruppe und der Einrichtung ausgestaltet werden kann.

Bildungs- und Erziehungspartnerschaft

Eltern und Fachkräfte bzw. Tagespflegepersonen prägen ein Kind in hohem Maße; sie werden deshalb heute als „Ko-Konstrukteure" der kindlichen Entwicklung (neben dem Kind selbst) verstanden. Sie sollten deshalb bei der Betreuung, Erziehung und Bildung des Kindes eng zusammenarbeiten. Bundes- und Ländergesetze liefern hierfür die rechtliche Grundlage (s.u.). Möglichkeiten der praktischen Umsetzung werden in den Bildungsplänen der Bundesländer erörtert (siehe 4. Kapitel). Hier wird zumeist der Begriff „Bildungs- und Erziehungspartnerschaft" verwendet, weil er im Gegensatz zu dem „klassischen" Begriff der Elternarbeit eine *Kooperation auf Augenhöhe* beinhaltet: Eltern und Fachkräfte bzw. Tagespflegepersonen sind gleichberechtigt, übernehmen gemeinsam die Verantwortung für das Kindeswohl und treten in einen offenen Dialog miteinander ein.

Erziehungspartnerschaft auf der Ebene des Kindes

Laut Grundgesetz gilt: „Pflege und Erziehung der Kinder sind das natürliche Recht der Eltern und die zuvörderst ihnen obliegende Pflicht" (Art. 6 Abs. 2 GG, vgl. § 1 Abs. 2 SGB VIII). Im Jugendhilferecht heißt es dementsprechend: „Bei der Ausgestaltung der

Leistungen und der Erfüllung der Aufgaben sind 1. die von den Personensorgeberechtigten bestimmte Grundrichtung der Erziehung ... zu beachten" (§ 9 SGB VIII). Deshalb sollen „die Fachkräfte in ihren Einrichtungen zusammenarbeiten ... mit den Erziehungsberechtigten ... zum Wohl der Kinder und zur Sicherung der Kontinuität des Erziehungsprozesses", sind die „Erziehungsberechtigten ... an den Entscheidungen in wesentlichen Angelegenheiten der Erziehung, Bildung und Betreuung zu beteiligen" (§ 22a Abs. 2 SGB VIII).

Beim Aufnahmegespräch und bei späteren Gesprächen mit den Fachkräften können Eltern somit ihre Erwartungen und Wünsche hinsichtlich der Betreuung, Erziehung und Bildung ihres Kindes einbringen – aber nicht immer durchsetzen: Zum einen können sich Fachkräfte bei den vielen von ihnen zu betreuenden Kindern nur begrenzt um ein einzelnes Kind und dessen individuelle Förderung kümmern. Zum anderen haben Pädagogen eigene Vorstellungen bezüglich der Erziehung und Bildung von Kindern, die sie in der Aus- und Fortbildung sowie in langen Jahren der Berufsausübung immer wieder reflektiert haben. So müssen Eltern oft Kompromisse eingehen. Hier wird erneut deutlich, wie wichtig das gründliche Lesen der pädagogischen Konzeption (siehe 5. Kapitel) und das Gespräch mit Fachkräften *vor* Anmeldung des eigenen Kindes sind (siehe 7. Kapitel): Wenn Eltern im ersten Kita-Jahr feststellen, was beispielsweise Waldorf-Pädagogik bedeutet und dass diese überhaupt nicht ihren eigenen Vorstellungen entspricht, werden die Pädagogen das Kind auch dann nicht anders erziehen und bilden, wenn sich seine Eltern auf § 9 SGB VIII (s.o.) berufen!

In den meisten Kindertageseinrichtungen gibt es neben dem Aufnahmegespräch noch ein Eingewöhnungsgespräch am Ende der Eingewöhnungszeit und dann ca. einmal pro Kita-Jahr ein längeres *Entwicklungsgespräch*. Werden Eltern zu solchen Terminen eingeladen, so können sie ganz ruhig bleiben: Dies bedeutet nicht, dass mit ihrem Kind etwas nicht stimmt – es sind „normale" Gespräche, die mit *allen* Eltern geführt werden. Sie sollten sich aber auf sie vorbereiten, also überlegen, was sie von den Fachkräften erfahren möchten und was sie diesen unbedingt über die Entwicklung des Kindes in ihrer Familie und über besondere Ereignisse mitteilen wollen (z.B. dass ein Großelternteil immer stärker unter Demenz leidet). Die Fachkräfte bereiten sich in der Regel gründlich auf diesen Termin vor. Sie haben das Kind im Verlauf des Jahres mehrfach *systematisch beobachtet* und zumeist ihre Beobachtungen dokumentiert. So können sie auf der Grundlage ihrer Notizen, von Entwicklungstabellen, Beobachtungsbögen, Verfahren zur Sprachstandsfeststellung und anderen Tests Auskunft über die Entwicklung des Kindes geben. In manchen Kindertagesstätten werden auch *Bildungsgeschichten* verfasst, in denen ein Lernprozess des Kindes beschrieben wird. In anderen Einrichtungen wurde für jedes Kind ein *Portfolio* angelegt, in dem Bilder, Fotos, vom Kind diktierte Geschichten, Notizen und anderes mehr gesammelt werden. Beim gemeinsamen Sichten des Inhalts während der Besprechung werden Entwicklungsfortschritte besonders deutlich.

Bei den Termingesprächen geht es darum, wie das jeweilige Kind wahrgenommen und wie sein Entwicklungsstand eingeschätzt wird. Beispielsweise wird besprochen, wie sich das Kind in der Familie und in der Tageseinrichtung verhält, was seine Lieblingsaktivitäten in beiden Lebenswelten sind, wie es bevorzugt lernt, was seine Stärken und Schwächen, seine Bedürfnisse und Probleme sind, welche Schwierigkeiten mit ihm auftreten und was für ein Erziehungsverhalten sich in solchen Situationen bewährt hat. Hier wird oft deutlich, dass sich ein Kind in Familie und Tagesstätte unterschiedlich verhält bzw. anders wahrgenommen wird. Dies ist ganz normal, weil es sich um zwei ganz verschiedene Systeme handelt, in denen andere Beziehungsdefinitionen, Rollenerwartungen, Regeln und Interaktionsmuster gelten.

Außerdem wird besprochen, in welche Richtung sich das Kind entwickeln soll. Eltern und Fachkräfte sollten nach Übereinstimmung in den Erziehungszielen, -einstellungen und -methoden trachten. Falls Unterschiede festgestellt werden, kann geklärt werden, ob beide Seiten mit ihnen leben können oder ob ein Kompromiss möglich ist. Für das Kind ist es kein Problem, wenn es in Familie und Tageseinrichtung unterschiedlich erzogen wird, falls Eltern und Päda-gogen dies ihm gegenüber offen ansprechen und einander respektie-ren. Werden Entwicklungsverzögerungen, Verhaltensauffälligkeiten, (drohende) Behinderungen usw. festgestellt, sollten Eltern und Fachkräfte miteinander besprechen, was die Ursachen sein könnten, wie sie im Rahmen der Erziehung damit umgehen wollen, ob be-sondere heilpädagogische, medizinische oder therapeutische Maß-nahmen notwendig sind und – falls ja – wo und wie diese durchge-führt werden.

Die Zeit, in der Eltern ganz in Ruhe mit der Fachkraft über ihr Kind, seine Entwicklung, Erziehung und Bildung sprechen können, ist in Kindertageseinrichtungen sehr begrenzt. Da die Fachkräfte viele – im Extremfall bis zu 28 – Kinder in ihren Gruppen betreuen, werden sie schon große Schwierigkeiten haben, jedes Jahr *ein* El-terngespräch pro Kind zu terminieren. Eltern sollten hierfür Ver-ständnis haben, zumal in vielen Bundesländern solche Gespräche wegen der unzureichenden Verfügungszeit der Pädagogen häufig während der Anwesenheit von Kindern durchgeführt werden müs-sen. Das heißt, die jeweilige Fachkraft kann während dieser Zeit nicht erzieherisch und bildend tätig sein; das Elterngespräch geht letztlich auf Kosten der Kinder. Bei großen Gruppen ist es auch seltener möglich, ad hoc ein längeres Tür- und Angel-Gespräch mit der Pädagogin zu führen.

In Kinderkrippen oder in anderen Einrichtungen, in denen viele unter Dreijährige betreut werden, werden oft mehrere Terminge-spräche pro Kita-Jahr angeboten, da hier die Gruppen recht klein sind und der Gesprächsbedarf aufgrund der rasanten Entwicklung von Kleinstkindern sehr groß ist. Zudem können Babys und Kleinstkinder noch nicht berichten, wie ihr Tag verlaufen ist und was sie alles unternommen haben. Daher ist der Informationsbedarf der Eltern besonders groß. Deshalb werden auch häufiger (längere) Tür- und Angel-Gespräche geführt.

In manchen Kindertageseinrichtungen können Eltern in der Grup-pe ihres Kindes während des Kita-Jahres *hospitieren*. So können sie beobachten, wie sich ihr Kind verhält, mit wem es spielt, ob es sich wohl fühlt usw. Durch den Vergleich mit Gleichaltrigen können sie sich einen Eindruck von seinem Entwicklungsstand verschaffen. Hier ist allerdings zu beachten, dass sich Kleinst- und Kleinkinder höchst ungleichmäßig entwickeln: Kinder liegen in der Regel immer in einigen Entwicklungsbereichen (weit) über der „Norm" und in anderen (weit) darunter; diese Entwicklungsvorsprünge bzw. -rückstände verschwinden aber zumeist innerhalb weniger Wochen oder Monate wieder.

Bei Hospitationen können Eltern beobachten, wie Pädagogen Bildungsinhalte vermitteln und wie sie z.B. mit einem trotzigen, aggressiven oder gelangweilten Kind umgehen. Manche ihrer Verhaltensweisen lassen sich durchaus auch auf die Familienerziehung übertragen. Zumeist können Eltern nach der Hospitation ein kurzes Gespräch mit den Fachkräften führen und dabei Fragen stellen, die sich aus ihren Beobachtungen ergeben haben.

Die Hospitation seiner Eltern macht ein Kind stolz: „Mein Papa ist in meiner Gruppe!" Zugleich merkt es, dass die Eltern an seiner Lebenswelt „Kindertagesstätte" interessiert sind, und freut sich darüber. Besonders positiv ist, wenn das Kind erlebt, dass seine Eltern und die Fachkräfte gut miteinander auskommen und einander schätzen. Diese sind nun die wichtigsten Menschen im Leben des Kindes – und es kann nur die bestmögliche Erziehung und Bildung erhalten, wenn Eltern und Pädagogen „an einem Strang ziehen".

Erziehungspartnerschaft auf der Ebene der Gruppe

Nur für kurze Zeiträume im Verlauf eines Tages bzw. einer Woche erfährt ein Kind die ungeteilte Aufmerksamkeit der Fachkraft, finden eine individualisierte Bildung und Erziehung statt. Die meiste Zeit wird seine Entwicklung durch das allgemeine pädagogische Angebot, die Gruppendynamik und andere Faktoren auf der Gruppenebene bestimmt.

So sind Eltern an Informationen über die pädagogische Arbeit der Fachkräfte, über den Tagesablauf, bildende Aktivitäten, besondere Projekte usw. interessiert. Die Fachkräfte befriedigen diesen Informationsbedarf, indem sie z.b. für neue Eltern einen *Einführungselternabend* zu Beginn des Kita-Jahres anbieten, *Wochenpläne* oder *Tagesberichte* aushängen, eine Fotowand gestalten oder Artikel in Elternbriefen veröffentlichen.

Bei Hospitationen lernen Eltern „hautnah" den Kita-Alltag und die pädagogische Arbeit der Fachkräfte kennen. Sie können beobachten, wie die Freispielzeit und die angeleiteten Aktivitäten verlaufen, wie Bildungsplan und Konzeption in die Praxis umgesetzt werden, wie Erziehungs- und Bildungsziele in entsprechende Aktivitäten münden und welcher Erziehungsstil praktiziert wird.

In vielen Kindertageseinrichtungen werden Eltern gelegentlich zur *Mitarbeit* in der Gruppe eingeladen – oder müssen dies sogar tun, wie z.b. bei manchen Elterninitiativen. Sie beteiligen sich dann auch an bildenden Aktivitäten (in Kleingruppen), indem sie beispielsweise Kindern vorlesen, mit ihnen ein Memory oder ein Brettspiel machen, mit ihnen werken oder tonen, ihnen ein Musikinstrument vorstellen, mit ihnen Bilderbücher betrachten oder ein Malprogramm am Computer ausprobieren. Manchmal werden sie im Rahmen eines Projekts um Mitwirkung gebeten, sollen also z.b. ihren Beruf vorstellen oder ein von ihnen beherrschtes Musikinstrument vorspielen.

Ferner können Eltern Bildungsangebote außerhalb der Kindertageseinrichtung erschließen, also z.b. Besuche an ihrem Arbeitsplatz, im Rathaus, in einer Kirche, im Krankenhaus oder in einem Museum. Sie können bei entsprechendem Fachwissen die Kinder mit kulturellen, politischen und wirtschaftlichen Institutionen vertraut machen oder ihnen naturkundliche Erfahrungen in Wald, Feld und Wiese erschließen. Manchmal werden Eltern auch gebeten, die Gruppe bei Ausflügen oder Exkursionen zu begleiten.

In einem begrenzten Rahmen können Eltern Einfluss auf die Abläufe und Aktivitäten in der Gruppe ausüben, indem sie bei Tür-

und Angel-Gesprächen, Termingesprächen oder bei (Gruppen-) Elternabenden ihre Vorstellungen und Wünsche äußern. Bedenkt man aber, dass es bei einer Gruppengröße von 25 Kindern heute durchaus mehr als 50 (!) verheiratete, getrenntlebende oder geschiedene Eltern sowie Stiefeltern und Lebenspartner mit Erziehungsfunktionen gibt, wird schon deutlich, wie gering die Einflussmöglichkeiten eines einzelnen Elternteils sind. Außerdem sind die Fachkräfte *professionelle* Pädagogen, haben sie sich an Rechtsgrundlagen, Bildungsplan, Konzeption und Vorgaben des Trägers zu halten.

Erziehungspartnerschaft auf der Ebene der Kindertageseinrichtung

Begrenzte Möglichkeiten der Elternbeteiligung bestehen auch auf der institutionellen Ebene. So haben Eltern das Recht, von der Kita über grundlegende pädagogische und konzeptionelle Fragen informiert zu werden und sich dazu zu äußern. Zudem können sie bestimmte Maßnahmen und Bildungsangebote vorschlagen (z.B. mehr Obst zum zweiten Frühstück, Schwimmunterricht für ältere Kinder in einem Hallenbad). Ferner können sich mancherorts interessierte Eltern an der Planung und Durchführung von Festen beteiligen oder an der Gestaltung der Innen- und Außenräume mitwirken und dabei ihre Ideen einbringen.

Viele Möglichkeiten für eine Mitarbeit liegen außerdem im Bereich *Angebote von Eltern für Eltern*: In einigen Kitas haben diese z.B. ein Elterncafé für die neuen Eltern während der Eingewöhnungszeit oder als regelmäßig stattfindender Treffpunkt für alle interessierten Eltern eingerichtet. In anderen Kindertagesstätten wird ein Elternstammtisch angeboten. Manchmal verwalten Eltern eine Bücherei mit Kinder- und Bilderbüchern, Spielen und Erziehungsratgebern. Andernorts haben sie einen Förderverein gegründet und werben Spenden für die Kindertageseinrichtung ein.

Insbesondere wenn Eltern sich auf diese Weise engagieren, werden sie schnell Freundschaften mit anderen aktiven Eltern schließen. So entstehen *soziale Netzwerke* – die manchmal auch das Fehlen von (in der Nähe wohnenden) Großeltern ausgleichen können: So lässt sich durchaus organisieren, dass andere Eltern ein Kind betreuen, wenn seine Eltern einmal einen Abend für sich haben wollen oder plötzlich verreisen müssen.

Erziehungs- und Bildungspartnerschaft in der Tagespflege

Bei der Kindertagespflege entstehen in der Regel enge Beziehungen zwischen Eltern und Tagespflegepersonen, weil Letztere ganz wenige Kinder betreuen – und „Kinderfrauen" erziehen nur die Kinder einer Familie in deren Wohnung. Auch durch den häuslichen Charakter der Tagespflegestelle ergeben sich persönlichere Kontakte: Die Eltern werden gelegentlich in das Wohnzimmer auf eine Tasse Kaffee oder Tee eingeladen, weil ihr Kind noch schläft, oder werden beim Abholen gebeten, im Spielzimmer Platz zu nehmen, weil ihr Kind so sehr in sein Spiel vertieft sei, dass es damit nicht aufhören möchte.

So ergeben sich schon im täglichen Kontakt häufig längere Gespräche zwischen Eltern und Tagespflegeperson über das Kind und seine Erziehung. Von Zeit zu Zeit sollten aber auch Entwicklungsgespräche vereinbart werden, die dann zumeist ähnlich verlaufen wie weiter oben ausgeführt. Selbstverständlich können Tagespflegepersonen auch besser auf die Erziehungsvorstellungen und Wünsche von Eltern eingehen, da sie ja nur mit ganz wenigen Kindern arbeiten. So kann hier die Bildungs- und Erziehungspartnerschaft intensiver ausgestaltet werden als in Kindertageseinrichtungen.

11. Die Elternvertretung

Wenn Ihr Kind in eine Tageseinrichtung aufgenommen worden ist, können Sie dort für den Elternbeirat kandidieren. Dieser vertritt die Interessen der Eltern gegenüber den Fachkräften und dem Träger. In diesem Kapitel lesen Sie, welche Aufgaben die Elternvertretung hat.

Der Elternbeirat

In den Kita-Gesetzen und -verordnungen der Bundesländer wird im Detail geregelt, wie die Elternvertretung gewählt wird und welche Rechte ihr zukommen. Dementsprechend gibt es von Land zu Land große Unterschiede. Diese zeigen sich schon in der Bezeichnung der Elternvertretung, die z.B. „Elternrat", „Elternausschuss" oder „Kindergartenbeirat" heißen kann. Hier sind nur Eltern Mitglieder, die aber zu ihren Sitzungen die Kita-Leitung (und den Träger) einladen können. Hingegen verweisen Begriffe wie „Kindertagesstätten-Ausschuss", „Rat der Einrichtung" oder „Kuratorium" darauf, dass hier neben den Eltern auch die Fachkräfte und der Träger vertreten sind. Die „Kräfteverhältnisse" werden im Landesrecht festgelegt. Da die Gremien aber nicht darauf angelegt sind, Mehrheitsbeschlüsse herbeizuführen, spielen die Zahlenverhältnisse keine entscheidende Rolle. Vielmehr soll möglichst ein Einvernehmen der Mitglieder angestrebt werden.

Die Elternvertreter werden in der Regel zu Beginn des Kita-Jahres nach landesspezifischen Vorgaben gewählt. Der Elternrat ist Ansprechpartner für alle Eltern der Einrichtung, aber auch für das Personal und den Träger der Kindertageseinrichtung. Er nimmt Wünsche, Anregungen und Vorschläge der Eltern entgegen, prüft sie und bringt sie gegenüber Kita-Leitung und Träger ein. So wird die Elternvertretung zum „Sprachrohr" der gesamten Elternschaft.

Der Elternbeirat tritt mehrmals im Verlauf des Jahres zusammen. Die Mitspracherechte sind von Land zu Land unterschiedlich und umfassen beispielsweise:

- das Recht auf Information über alle die Einrichtung betreffenden Angelegenheiten durch Kita-Leitung und Träger
- die bauliche, einrichtungsmäßige und sächliche Ausgestaltung der Kindertagesstätte
- organisatorische und finanzielle Angelegenheiten (z.B. die Höhe der Elternbeiträge)
- Umfang der Personalausstattung, die Einstellung und Kündigung von Fachkräften
- die Öffnungs- und Schließzeiten
- Kriterien für die Aufnahme von Kindern
- die Grundsätze der pädagogischen Konzeption
- die Jahresplanung
- zusätzliche pädagogische Angebote wie z.B. Sprach-, Musik- oder Schwimmkurse unter Mitwirkung externer Fachleute
- die Elternarbeit der Kindertageseinrichtung
- usw.

Der Elternvertretung werden keine echten Entscheidungskompetenzen zugesprochen, da diese als unvereinbar mit der pädagogischen Eigenverantwortung der Fachkräfte und den Rechten der Träger gelten. So hat der Elternbeirat nur einen *Informations-, Anhörungs- und Beratungsanspruch*. Er kann aber auch auf diesem Wege einen großen Einfluss ausüben, insbesondere wenn ein vertrauensvolles und kooperatives Verhältnis zwischen ihm, der Kita-Leitung und dem Träger besteht.

Der Elternrat kann eigene Informationsabende, Gesprächskreise für Eltern, einem Elternstammtisch, ein Elterncafé oder ähnliche Veranstaltungen organisieren und die Eltern zum Engagement für ihre Kita „animieren".

Elternbeiräte geben den Fachkräften Feedback hinsichtlich der Bedürfnisse und Zufriedenheit der Eltern und stellen sich schützend vor sie, falls einzelne Eltern unerfüllbare Wünsche oder unberechtigte Kritik äußern. So sind sie auch *Bündnispartner* und *Wegbegleiter* der Pädagogen. Schließlich können Elternräte einen *Förderverein* gründen und damit der Kindertageseinrichtung eine neue Finanzierungsquelle erschließen.

Die Elternvertreter können sich zu Gemeinde-, Stadt-, Kreis- und Landeselternräten zusammenschließen oder müssen dies laut Landesrecht. So können sie auch auf der örtlichen Ebene (z.b. gegenüber dem Jugendamt) oder auf der Landesebene (z.b. gegenüber dem zuständigen Ministerium) Einfluss ausüben.

12. Die Familienerziehung

Wenn Sie Ihr Kind in Tagesbetreuung geben, ändert sich Ihr Familienleben. Nun müssen Sie an fünf Tagen der Woche Ihr Kind zu bestimmten Zeiten fortbringen und wieder abholen, gewinnen Sie somit Zeit, um wieder Ihrer Erwerbstätigkeit nachzugehen, auf eine Vollzeitstelle zu wechseln oder sich intensiver einem jüngeren Geschwisterkind zu widmen.

Ihr Kind entwickelt nun intensive Beziehungen zu anderen Erwachsenen, mit denen es nicht verwandt ist. Zugleich schrumpft die Zeit, die Sie mit ihm verbringen, um zwischen 20 und über 40 Stunden pro Woche – je nachdem, wie lange Sie es betreuen lassen. In diesem Kapitel erfahren Sie, was die neuen Beziehungen für Sie und Ihr Kind bedeuten und wie Sie nun die mit Ihrem Kind verbleibende Zeit bestmöglich für dessen Erziehung und Bildung nutzen können.

Neue Beziehungen und Bindungen

Babys und andere unter dreijährige Kinder haben ein besonders starkes *Bindungsbedürfnis*, da sie zum Überleben auf die kontinuierliche Betreuung durch Erwachsene angewiesen sind. Dementsprechend wird ein Kleinstkind eine intensive Beziehung zur Tagespflegeperson bzw. zu einer Fachkraft eingehen, die dann als „Bezugserzieherin" bezeichnet wird. Weniger stark ausgeprägte Beziehungen werden zu den anderen Pädagoginnen in seiner Gruppe entstehen. Diese „Bindungen" werden in der Regel umso intensiver werden, je länger die tägliche Betreuungszeit ist – bei einer 40-stündigen Betreuung verbringt ja ein Einjähriges mehr Stunden, in denen es wach ist, in der Kita bzw. Tagespflegestelle als in der Familie.

Schon wenige Wochen nach der Eingewöhnungszeit wird ein unter dreijähriges Kind seine Betreuungsperson von ganzem Herzen *lieben*. Es wird den Körperkontakt zu ihr suchen, wird sich bei ihr anschmusen und mit ihr kuscheln. Es wird sie anstrahlen, wenn es morgens gebracht wird, wird sich vom Arm der Eltern aus ihr entgegenstrecken oder wird zu ihr krabbeln bzw. laufen, um auf den Arm genommen zu werden. Dann ist die Kindertageseinrichtung zu einem „zweiten Zuhause" bzw. die Familie der Tagespflegeperson zur „Zweitfamilie" des Kindes geworden. Insbesondere wenn die Betreuungszeit sehr lang ist, wird es sich oft sogar bei der Tagesmutter oder Bezugserzieherin anklammern und weinen, wenn es von seinen Eltern abgeholt wird.

Auch Dreijährige und ältere Kleinkinder haben bindungsähnliche Beziehungen zu ihren Betreuungspersonen, die aber weniger intensiv sind und bis zur Einschulung immer schwächer werden. Sie lieben die in den Augen der Eltern „fremden" Erwachsenen und betrachten sie als Autoritätspersonen: „Frau M. hat aber gesagt!" – „Bei uns im Kindergarten machen wir dies aber so!" Wegen diesen engen Beziehungen zwischen Fachkraft und Kind wird übrigens in diesem Buch nirgendwo von „Fremdbetreuung" gesprochen: Nur während der Eingewöhnungszeit sind Erzieherinnen und Tagesmütter fremde Menschen – danach sind sie vertraute und geliebte Bezugspersonen.

Für viele Eltern ist es schwer zu verkraften, dass ihr Kind nun neben ihnen weitere „Liebesobjekte" und „Autoritäten" hat – zu Personen, mit denen es nicht verwandt ist. Einem Dreijährigen – und erst recht einem noch jüngeren Kind – ist es auch nicht wie seinen Eltern bewusst, dass es sich um eine Beziehung *auf Zeit* handelt. So ist es für Babys, für Ein- und Zweijährige, aber auch für manches ältere Kind eine emotionale Katastrophe, wenn es zu einem plötzlichen *Beziehungsabbruch* kommt, also wenn z.B. die Eltern umziehen und damit auch die Tageseinrichtung oder -pflegestelle wechseln, wenn die Bezugserzieherin bzw. Tagesmutter kündigt oder wenn sie wegen Krankheit bzw. Schwangerschaft für viele Monate ausfällt.

Solche Traumata können die emotionale und soziale Entwicklung eines Kindes stark beeinträchtigen. Es benötigt also bei einem plötzlichen Beziehungsabbruch besonders viel Zuwendung seitens seiner Eltern, vor allem wenn zusätzliche Veränderungen hinzukommen (z.B. Umzug in eine noch nicht vertraute Wohnung, Veränderungen in der Familienstruktur oder hinsichtlich der Dauer der elterlichen Erwerbstätigkeit). Dies bedeutet übrigens auch, dass genauso wichtig wie die Eingewöhnung eines Kindes die „Ausgewöhnung" ist, wenn beispielsweise der Übergang von einer Tagespflegestelle in eine Kindertagesstätte ansteht.

Für die kindliche Entwicklung ist es sehr wichtig, dass die Eltern die bindungsähnlichen Beziehungen ihres Kindes zur Bezugserzieherin bzw. Tagespflegeperson positiv sehen oder zumindest akzeptieren. Sie sollten sich also eventuell bestehender *Neid- und Eifersuchtsgefühle* bewusst werden und versuchen, diese abzubauen. Keinesfalls darf es zu einem Konkurrenzverhalten in dem Sinne „Wer ist die bessere Mutter?" kommen – oder zum Erzeugen von Loyalitätskonflikten beim Kind durch Fragen wie „Wen liebst du denn mehr?" oder Aussagen wie „Deine Erzieherin ist aber eine dumme Pute!".

Eltern sollten sich bewusst machen, dass nach Erkenntnissen von Hirnforschung und Entwicklungspsychologie Kinder viel intensiver ihre Umgebung erkunden, offener auf andere Kinder zugehen, mehr lernen und sich besser entwickeln, wenn sie *sicher gebunden* sind. In der Kita oder in der Tagespflege fühlen sich Kinder aber nur geborgen, wenn bindungsähnliche Beziehungen zu ihren Betreuungspersonen bestehen, wenn diese also ihr „sicherer Hafen" sind. Auch profitieren sie dann mehr von Bildungsangeboten, lernen sie mehr am Vorbild der Fachkraft bzw. Tagesmutter.

Die Notwendigkeit von „Qualitätszeit"

Je weniger Zeit mit dem Kind den Eltern bleibt – nach Berücksichtigung der Dauer der eigenen Erwerbstätigkeit, der Hausarbeit, der eigenen Regeneration –, umso wichtiger wird es, diese *bewusst* zu nutzen. Für den Erhalt und die Intensivierung der Eltern-Kind-Bindung ist nämlich weniger die Quantität der miteinander verbrachten Zeit entscheidend, sondern vielmehr deren Qualität. Haben Eltern zwei Stunden lang neben ihrem Kind vor dem Fernseher gesessen oder haben sie die Wäsche gebügelt, während das Kind in einer anderen Ecke des Raumes für sich gespielt hat, so hat diese Zeit eine andere Qualität als wenn die Eltern eine viertel Stunde lang mit dem Kind gespielt oder ihm eine Gutenachtgeschichte erzählt haben.

Eltern sollten also möglichst an jedem Werktag nach der Tagesbetreuung und auf jeden Fall am Wochenende „Qualitätszeit" mit ihrem Kind einplanen. Wie bereits erwähnt, haben Kleinkinder, die in einer relativ großen Gruppe betreut werden, nach dem Abholen auch ein großes Zuwendungsdefizit, das sich oft in der Form des „Quengelns" zeigt. Anstatt das Kind deswegen auszuschimpfen, ist es sinnvoller, sich z.B. mit ihm für eine viertel Stunde in das Kinderzimmer oder auf das Wohnzimmersofa zurückzuziehen, um aneinander gekuschelt ein Bilderbuch zu betrachten oder ein Gespräch zu führen – Kleinkinder wollen oft ganze Fragekataloge „abarbeiten"...

Die Bedeutung der familialen Erziehung und Bildung

Selbst wenn Kindertageseinrichtungen und Tagespflegestellen neben Betreuung auch Erziehung und Bildung leisten, selbst wenn dort Bildungspläne und pädagogische Konzeptionen umgesetzt werden und selbst wenn dort Kinder viele Gelegenheiten zur Selbstbildung und zum ko-konstruktiven Lernen mit anderen Personen vorfinden, haben nach dem derzeitigen Stand der Wissenschaft Familien einen etwa doppelt so großen Einfluss auf die Entwicklung und die späteren Schulleistungen eines Kindes als ein Kindergarten.

Auch wenn ein Kind pro Woche für 30 oder mehr Stunden von Fachkräften gefördert wird, sind Erziehungs- und Bildungsprozesse in der Familie weiterhin von großer Bedeutung. Das liegt u.a. daran, dass der pädagogische Einfluss der Fachkräfte und die Chancen einer individuellen Förderung bei 15, 20 oder gar 25 Kindern sehr viel begrenzter sind als die Möglichkeiten von Eltern. Hinzu kommt, dass diese am längsten die kindliche Entwicklung beeinflussen.

Eltern sollten sich bewusst machen, dass Erziehungs- und Bildungsprozesse in der Familie nur selten gezielt und von ihnen gesteuert erfolgen. Entscheidend ist vielmehr der *Familienalltag*:

- Wie kommunizieren die Eltern? Was für eine Sprache verwenden sie dabei? Eher kurze Sätze mit einem begrenzten Wortschatz oder komplexe Sätze mit vielen Adverbien und Adjektiven? Über welche Themen sprechen sie miteinander? Werden Konflikte ausdiskutiert?
- Sind die Eltern „Lernvorbilder"? Bilden sie sich weiter? Beschäftigen sie sich auch mit wissenschaftlichen Themen, mit Politik, Kunst und Kultur? Gehen sie in Museen, in Konzerte und ins Theater? Pflegen sie Hobbys? Kennen sie sich mit der Natur aus?
- Gibt es in der Wohnung viele Bücher, Zeitschriften, DVDs und CDs? Wie werden PC, Laptop, Tablet bzw. Smartphone genutzt? Nur zum Kommunizieren und Spielen oder auch zur Information und Bildung?
- Erlebt das Kind eine familiale Lernkultur mit vielen kognitiven Anregungen durch die Eltern? Geben sie ihm Ideen für sinnvolle Aktivitäten? Stellen sie Lernspiele und -materialien bereit? Besuchen sie mit ihrem Kind Büchereien?
- Werden die kindlichen Bedürfnisse nach Geborgenheit, Wertschätzung und Liebe befriedigt, sodass das Kind sich sicher gebunden der Welt zuwenden und diese erkunden kann?
- Vermitteln die Eltern eine positive Einstellung zu Lernen und Leistung, zu Kindertageseinrichtung und Schule? Halten sie einen engen Kontakt zu Fachkräften bzw. Tagesmüttern, damit sie wissen, wie sie außerfamiliale Bildungs- und Erziehungsbemühungen zu Hause unterstützen können?
- usw.

In einer Familie, in der die Eltern solche und ähnliche Fragen mit einem „ja" beantworten können, werden sich Kinder sozial, emotional und kognitiv positiv entwickeln – auch ohne gezielte „Bildungsmaßnahmen" wie den Einsatz von Lernspielen, die Verwendung von Lernprogrammen, den Besuch einer Musikschule oder die Mitgliedschaft in einem Sportverein.

Zudem können Eltern im Familienalltag liegende *Lernmöglichkeiten* bewusst nutzen, die mit keinen Kosten verbunden sind – Eltern müssten dafür nur ein wenig Zeit und Energie aufwenden. In der folgenden Liste werden einige mögliche Aktivitäten nach Entwicklungs- bzw. Bildungsbereichen geordnet:

- *motorische Entwicklung*: Brotschmieren, Kochen und Backen, Abwaschen und Abtrocknen, sich selbst Anziehen, Hausputz und Gartenarbeit, Dinge zerlegen und wieder zusammenbauen, Wege mit spielerischen Elementen verbinden (nicht auf die Fugen zwischen den Platten treten, auf Mauern balancieren), „Abenteuer" im Wald usw.
- *mathematische Kompetenzen*: Bauklötze nach Größe und Farbe sortieren, Entfernungen schätzen, beim Treppensteigen Stufen zählen, kleine Summen im Geschäft bezahlen lassen, Wählen von Telefonnummern, Würfelspiele etc.
- *sprachliche Entwicklung*: viel mit dem Kind reden (Sprache lernt man nur über das Sprechen!), ihm aber auch zuhören, offene Fragen stellen, darauf achten, dass ein älteres Kleinkind Gegenstände und Aktivitäten mit dem richtigen Wort bezeichnet und in vollständigen Sätzen spricht, Fernsehkonsum beschränken, dialogorientierte Bilderbuchbetrachtung, mit dem Kind Schrift entdecken, Wörter mit denselben Anfangsbuchstaben suchen lassen, Zungenbrecher, Gedichte und Lieder beibringen usw.
- *musische/künstlerische Kompetenzen*: gemeinsam singen, summen, Rhythmen klatschen, malen, basteln, tonen, Anregungen sammeln durch Besuche von Museen und Ateliers etc.

- *Wissen/Gedächtnis*: Neugier und Lernmotivation fördern, geduldig die Fragen des Kindes beantworten, Dinge genau erklären, „Lernorte" (wie Wald, Bauernhof, Museum usw.) aufsuchen, Sammlungen anlegen, Fernsehen und Internet bewusst als Informationsquelle nutzen, systematisches Lösen von Problemen üben, Auswendiglernen von Liedern und Reimen, Merken der eigenen Adresse und von wichtigen Telefonnummern, Memory spielen, Puzzles, Ratespiele usw.
- *soziale Entwicklung*: selbst soziale Kontakte pflegen, häufig Kinder einladen, eigenes Vorbild (anderen Menschen gegenüber höflich, freundlich, taktvoll, hilfsbereit und tolerant sein), Teamfähigkeit entwickeln durch Aufgabenteilung im Haushalt, Rollenspiele fördern, Kind anhalten, sich in eine andere Person zu versetzen, Regelspiele etc.
- *Persönlichkeitsentwicklung*: dem Kind eigene Erfahrungen und Erfolge ermöglichen (es entwickelt dann die Erwartungshaltung „Hoffnung auf Erfolg" anstatt „Angst vor Misserfolg"), Aufgaben und damit Verantwortung übertragen, dem Kind viel zutrauen, ihm seine Stärken bewusst machen, es wann immer gerechtfertigt loben, seine Ansichten respektieren, Kind zu Pünktlichkeit, Sauberkeit, Ordnungsliebe, Fleiß und Ehrlichkeit anhalten, gutes Benehmen einfordern usw.

Im Elternbrief „365 Aktivitäten zur Förderung der Entwicklung Ihres Kleinkindes" (http://www.kindergartenpaedagogik.de/2295. pdf) finden Eltern für jeden Tag des Jahres ein Förderangebot für drei- bis fünfjährige Kinder, das nur wenige Minuten beansprucht.

Bei aller bewusster oder unbewusster Förderung sollte aber immer bedacht werden, dass die Familie für das Kleinkind ein Platz sein muss, wo es sich sicher und geborgen fühlen kann. Das Kind sollte hier viel *Liebe*, Zärtlichkeit und Zuneigung erfahren. Es muss das Gefühl haben, dass es trotz seiner Schwächen, seiner Launenhaftigkeit, seines Trotzens oder seiner Wutanfälle *als Person akzeptiert* wird.

Schließlich ist noch darauf hinzuweisen, dass die Betreuung, Erziehung und Bildung eines Kindes die Aufgabe von Vater *und* Mutter ist. Deshalb wird in diesem Buch auch immer von „Eltern" gesprochen. Das Kind kann von Vater und Mutter Unterschiedliches lernen – und es braucht für die eigene Geschlechtsrollenentwicklung das männliche und das weibliche Modell. Heute werden Kinder in Familie, Kita, Tagespflege und Grundschule in erster Linie von Frauen betreut. Inzwischen weiß man, dass diese Situation für Jungen nicht ganz unproblematisch ist. So sollten zumindest ihre Väter versuchen, mehrmals in der Woche „Qualitätszeit" mit ihren Kindern zu verbringen und dabei mit ihren Söhnen besonders viele „männerspezifische" Aktivitäten durchzuführen. Allein erziehende oder getrenntlebende Mütter sollten hier die Väter der Kinder in die Pflicht nehmen oder andere Männer (Großväter, Onkel, Lebenspartner) in die Erziehung einzubinden versuchen.

13. Erziehungsprobleme

Fühlen Sie sich in Erziehungsfragen unsicher oder erleben Sie Erziehungsschwierigkeiten im Umgang mit Ihrem Kind? So geht es heute vielen Eltern. Wichtig ist, dass Sie möglichst frühzeitig Informationen über eine „gute" Erziehung einholen oder Beratungsangebote nutzen – bevor sich ein für Ihr Kind problematischer Erziehungsstil eingeschliffen hat oder gar dessen Entwicklung beeinträchtigt wird.

In diesem Kapitel erfahren Sie, wie Ihnen Fachkräfte in Kindertageseinrichtungen und Tagespflegepersonen im Rahmen der Erziehungs- und Bildungspartnerschaft (siehe 10. Kapitel) weiterhelfen können.

Elternbildung

Viele Kindertageseinrichtungen sind familienbildend tätig: In Elternabenden, Veranstaltungen mit externen Referenten, Kursen oder Gesprächskreisen werden für Eltern relevante Erziehungsfragen behandelt. Auf diese Weise soll erreicht werden, dass Eltern

- die Bedeutung des eigenen Vorbilds erkennen
- ihr Wissen über die Entwicklung, Pflege und Erziehung von Kindern erweitern
- Beobachtungsfertigkeiten entwickeln, sodass sie ihr Kind alters- und bedürfnisgerecht fördern können
- gute Erziehungsmethoden einsetzen, sodass positive Verhaltensweisen verstärkt und Erziehungsprobleme vermieden werden
- ihrem Kind Lernerfahrungen im Gespräch, im Spiel, im Haushalt oder mit Hilfe von Büchern, CDs und Lernprogrammen vermitteln

- mit Medien wie Fernseher und Computer richtig umgehen
- einen dem Alter ihres Kindes entsprechenden Sprachstil verwenden und seine Kommunikationsfertigkeiten fördern
- usw.

Alle Eltern werden hinsichtlich der großen Bedeutung der Qualität ihrer Partnerschaft und des Familienlebens für eine positive Entwicklung ihrer Kinder sensibilisiert. Familien mit Migrationshintergrund werden darüber hinaus informiert, dass ihre Kinder von Anfang an zweisprachig aufwachsen und wie sie die bilinguale Sprachentwicklung unterstützen können. Die Kinder sollten zu Hause so gut wie möglich die Sprache ihrer Eltern und in der Kita bzw. Tagespflegestelle so früh wie möglich die deutsche Sprache lernen.

Eltern sollten solche familienbildenden Angebote unbedingt nutzen. Sie erfahren dort auch im Gespräch mit anderen Eltern, wie diese mit ähnlichen Erziehungsfragen und -problemen umgegangen sind, und können somit von deren Erfahrungen lernen. Bieten Kindertageseinrichtungen keine derartigen Veranstaltungen an, können die Fachkräfte den Eltern in der Regel sagen, welche Anbieter es im näheren Umkreis gibt. Beispielsweise führen neben Familienbildungsstätten und Volkshochschulen oft auch Kirchengemeinden, Beratungsstellen und Wohlfahrtsverbände ehe- und familienbildende Kurse durch.

Im Rahmen ihrer von der Zeit her begrenzten Möglichkeiten können Fachkräfte im Rahmen eines Termingesprächs auf die Erziehungsfragen eines Elternpaars bzw. -teils eingehen. Oft verfügt die Kindertageseinrichtung auch über Elternratgeber in Buchform oder über eine Sammlung von Artikeln zu relevanten Erziehungsthemen, die dann den Eltern geliehen bzw. in Kopie mitgegeben werden. Fachkräfte in Kinderkrippen und Tagespflegepersonen können sich in der Regel mehr Zeit für das Besprechen von Erziehungsfragen nehmen, weil sie nur wenige Kinder zu betreuen haben. Erziehungsschwache und verunsicherte Eltern profitieren auch davon, wenn sie sich am professionellen Erziehungsverhalten der Pädagogen orientieren können. Dies setzt aber voraus, dass sie diese „in Aktion" erleben, also z.b. hospitieren können.

Elternberatung

Haben Eltern große Erziehungsschwierigkeiten oder weisen ihre Kinder in der Familie, in der Kita oder in der Tagespflegestelle Verhaltensauffälligkeiten, Entwicklungsverzögerungen, Sprachstörungen oder Behinderungen auf, bieten die Fachkräfte bzw. Tagespflegepersonen *Beratungsgespräche* an. Hier geht es um die gemeinsame Reflexion des Verhaltens des jeweiligen Kindes, die Abklärung der Ursachen von Problemen und die Suche nach geeigneten Lösungsmöglichkeiten. So wird besprochen, was Eltern und Pädagogen tun können, um das Verhalten des Kindes gezielt zu beeinflussen bzw. um ihm zu helfen. Prinzipiell ist die Wahrscheinlichkeit von positiven Veränderungen viel größer, wenn beide Seiten dieselbe Strategie verfolgen, also die gleiche Haltung gegenüber dem Kind einnehmen, auf negative Verhaltensweisen auf ähnliche Weise reagieren bzw. bestimmte Kompetenzen gezielt fördern.

Häufig zeigt sich bei einem solchen Beratungsgespräch, dass die Ressourcen von Familie, Kindertageseinrichtung und Tagespflegestelle nicht ausreichen. Dann werden die Fachkräfte bzw. Tagespflegepersonen die Eltern über die *Hilfsangebote* von Frühförderstellen, Erziehungsberatungsstellen, Jugendämtern und anderen psychosozialen Diensten informieren. Oft haben sie dort Ansprechpartner, sodass sie für die Eltern einen ersten Kontakt herstellen können. Mancherorts – beispielsweise bei Familienzentren – bieten Beratungsstellen oder andere Einrichtungen an bestimmten Tagen eine Einzelberatung in der Kindertagesstätte an oder machen Gruppenangebote (z.B. Gesprächskreise für Eltern mit Erziehungsproblemen oder Selbsthilfegruppen für Eltern mit behinderten Kindern).

Eltern sollten nicht zu lange warten, bis sie (mit ihrem Kind) einen ihnen empfohlenen Dienst aufsuchen: Je mehr sich die Probleme ihres Kindes verfestigt haben, umso schwieriger wird es sein, ihm zu helfen. Entscheiden sie sich für eine Beratung, sollten sie die Pädagogen darüber informieren – und natürlich auch darüber, was seitens des jeweiligen Fachdienstes herausgefunden und unternommen wird. Manchmal lassen sich die Fachkräfte bzw. Tagespflegepersonen auch eine (schriftliche) Einwilligungserklärung geben, dass sie mit den Mitarbeitern des psychosozialen Dienstes über das Kind sprechen dürfen. So können Beobachtungen und Gedanken ausgetauscht werden, können sich die Pädagogen über Diagnose, Behandlungsverlauf und Beratungsinhalte informieren lassen.

Vielerorts kommen Mitarbeiter eines Fachdienstes in die Kindertageseinrichtung, um das jeweilige Kind in „Normalsituationen" zu beobachten oder um es dort zu behandeln. Dann erhalten die Fachkräfte auch Hinweise zum weiteren Umgang mit dem Kind, sodass sie die Behandlung unterstützen können.

Im begrenzten Rahmen können Fachkräfte bzw. Tagespflegepersonen auch weiterhelfen, wenn die Familie unter Belastungen leidet, die nicht direkt mit dem jeweiligen Kind zusammenhängen, also z.B. unter „chronischen" Ehekonflikten, Trennung/Scheidung, Alleinerzieherschaft, Überschuldung, Medikamenten-, Alkohol- oder Drogenmissbrauch, Migrationsstatus, Randgruppenzugehörigkeit oder der psychischen Erkrankung bzw. Pflegebedürftigkeit eines Familienmitglieds. Hier wird sich die Hilfe aber weitgehend auf die Weitervermittlung an den zuständigen Fachdienst beschränken.

Autor

Dr. Martin R. Textor, Jahrgang 1954, studierte Erziehungswissenschaft, Beratung und Sozialarbeit an den Universitäten Würzburg, Albany (New York) und Kapstadt. Er arbeitete 20 Jahre lang als wissenschaftlicher Angestellter am Staatsinstitut für Frühpädagogik in München. Im November 2006 gründete er zusammen mit seiner Frau das nicht universitäre Institut für Pädagogik und Zukunftsforschung (IPZF) in Würzburg.

Martin R. Textor veröffentlichte 18 Monographien, 23 Fachbücher als (Mit-) Herausgeber, mehr als 470 Artikel in Fachzeitschriften, wissenschaftlichen Zeitschriften und (Hand-) Büchern (ohne graue Literatur), rund 270 Fachartikel im Internet sowie circa 620 Rezensionen. Ferner wirkte er an 473 Veranstaltungen – mit mehr als 24.000 Teilnehmer/innen – als Referent oder Fortbildner mit (Stand: Dezember 2017).

Gemeinsam mit Antje Bostelmann gibt Martin R. Textor „Das Kita-Handbuch" heraus (http://www.kindergartenpaedagogik.de). Daneben betreibt er weitere Websites (z.B. http://www.zukunftsorientierte-paedagogik.de). Ausführliche Informationen über seine Person, seine Veröffentlichungen und seine Vortrags- bzw. Fortbildungstätigkeit können auf http://www.ipzf.de abgerufen werden. Seine Autobiographie ist unter http://www.martin-textor.de zu finden.

Buchhinweis

Martin R. Textor: Zukunftsorientierte Pädagogik: Erziehen und Bilden für die Welt von morgen. Wie Kinder in Familie, Kita und Schule zukunftsfähig werden. Norderstedt: Books on Demand, 2. Aufl. 2018, 132 Seiten, 11,50 EUR, ISBN 978-3-8448-1444-6

Bei der Erziehung und Bildung von Kindern geht es immer um deren Zukunft. Wir wollen ihnen Kenntnisse und Fertigkeiten mitgeben, die sie benötigen, damit sie später in der Arbeitswelt erfolgreich sein, positive Beziehungen zu anderen Menschen aufbauen und ihr persönliches Glück finden können.

Um dieses Ziel zu erreichen, müssen wir uns fragen: Wie werden die Kinder von heute in 20 oder 40 Jahren leben? In was für einer Welt werden sie dann zurechtkommen müssen? Mit welchen Herausforderungen werden sie konfrontiert werden? Was werden sie dann an Wissen benötigen? Wie können wir Kinder „fit für die Zukunft" machen?

Diese Fragen werden in meinem Buch beantwortet. Im ersten Teil wird beschrieben, wie sich Zukunftsforscher die Welt in 20 oder 30 Jahren vorstellen. Nach jedem Kapitel werden relevante Kompetenzen aufgezeigt, die Menschen zur Bewältigung der jeweiligen Zukunftsentwicklungen benötigen. Die so erarbeiteten Fähigkeiten und Qualifikationen werden im zweiten Teil des Buches zusammengefasst. Im dritten Teil wird diskutiert, wie Familie, Kindertageseinrichtung und Schule Kinder „zukunftsfähig" machen können.